René Rüth • Torsten Netzer

Kulturelle Intelligenz

Wirtschaftlicher Erfolg in einer globalen Welt

Management Wissen für die Praxis

ISBN 9781075150272

Herausgeber

International Management College

Das International Management College versteht sich als international ausgerichtetes Studienzentrum in der europäischen Wirtschaftsmetropole Frankfurt am Main und ist auf die fundierte persönliche und fachliche Weiterentwicklung von motivierten Berufseinsteigern, Young Professionals und Führungsnachwuchs spezialisiert.

Das Management College bietet in Kooperation mit staatlichen Universitäten, Hochschulen sowie international renommierten Bildungspartnern innovative Angebote im Bereich Business Administration und Management.

www.InternationalManagementCollege.com

In wissenschaftlicher Kooperation mit:

Institut für Management Education & Culture

Das IMEC ist ein modernes Management Institut und Anbieter innovativer Konzepte zur Steigerung der Leistungsfähigkeit von Young Professionals, Führungskräften und Unternehmen. Das Leistungsportfolio besteht aus den Bereichen Education, Coaching & Consulting.

In enger Kooperation mit namhaften Universitäten und Business Schools beteiligt sich das Institut an der Forschung und Entwicklung der Themenfelder Corporate Performance, Inter-kulturelles Management, Personal Coaching und Leadership.

www.Institut-MEC.de

René Rüth

Dr. René Rüth ist Co-Founder und Managing Director des IMEC Management Institutes sowie des International Management College. Mit über 20 Jahren Marketing & Business Development Erfahrung für namhafte Konzerne ist René Rüth ein erfahrener Manager im globalen Kontext. Seine theoretische Entwicklung umfasst u.a. ein Doppelstudium im In- und Ausland, eine Brand Management Vertiefung an der EBS Universität, diverse Management Programme sowie eine Promotion über Nachhaltige Unternehmensführung. Seit 2015 ist René Rüth zudem Professor an einer asiatischen Universität.

Rene.Rueth@IMC-Frankfurt.com

Torsten Netzer

Torsten Netzer, MBA ist Co-Founder und Managing Director des IMEC Management Institutes sowie des International Management College. Nach mehr als 15 Jahren in verschiedenen Management-Positionen bei internationalen Unternehmen der FMCG, Telekommunikations-, Handels- und Werbebranche arbeitet Herr Netzer heute als Consultant und Business Coach im Bereich Performance & Personal Leadership mit namhaften Klienten und Konzernen an der individuellen Leistungsfähigkeit und gibt sein umfassendes Wissen in den Bereichen Leadership, Sales & Marketing, Supply Chain Management sowie Entrepreneurship an führenden Hochschulen als Dozent an den Führungsnachwuchs weiter.

Torsten.Netzer@IMC-Frankfurt.com

Inhalt

1.

Erfolgreich sein in einer globalisierten Welt

Kulturelle Intelligenz macht den Unterschied

Fremde Kulturen sind uns so nah wie nie zuvor

Die Welt ist nur einen Mausklick entfernt

Die Globalisierung ist das Phänomen, das die Wirtschaft in den letzten 30 Jahren am stärksten revolutioniert hat. Nach dem Fall des Eisernen Vorhangs, spätestens mit dem Eintritt Chinas in die Weltwirtschaft, erschienen neue erfolgversprechende Beschaffungs-, Produktions- und Absatzregionen auf der Landkarte. Die zunehmende Nachfrage führte zum rasanten Ausbau der Transportkapazitäten, die technische Entwicklung zur Beschleunigung und Kostenoptimierung der Logistikstrukturen, Wirtschaftsabkommen zum erleichterten Handel und die beginnende Digitalisierung ermöglichte zeitgleich eine deutlich verbesserte Kommunikation und Organisation der Prozessabwicklung über große Entfernungen hinweg. Damit stand der Globalisierung der Weltwirtschaft in historisch einmaligem Umfang nichts mehr im Weg. Die großen Konzerne nutzten diese Chance frühzeitig und bewegen sich heute weitgehend routiniert im internationalen Umfeld, doch die klein- und mittelständigen Unternehmen, die über 90 Prozent der deutschen Wirtschaft ausmachen, befinden sich vielfach noch im Aufbruch – und machen erst heute ihre (teils beschwerlichen) Erfahrungen mit multikulturellem Business in Höchstgeschwindigkeit. Die Globalisierung ist also keinesfalls ein Auslaufmodell, sondern hat eventuell gerade erst begonnen.

Moderne Flugzeuge reisen in wenigen Stunden rund um den Globus, alternativ werden wegweisende Projekte per E-Mail, Real-time Chat oder Videokonferenzen vom heimischen Büro mit den entlegensten Wirtschafts- und Wachstumsregionen dieser Welt abgestimmt. Fernste Länder und fremde Kulturen rücken plötzlich immer näher aneinander. Doch verlieren Sie damit ihre Unterschiede? Keineswegs! Im Gegenteil: Durch die enge berufliche Nähe zu neuen Geschäftspartnern und Kollegen aus anderen Kulturen und die Geschwindigkeit unserer Aktivitäten werden die Differenzen erst richtig spürbar. Projekte laufen länger als geplant. Resultate sind nicht wie erwartet. Und so manche vermeintlich kurze Abstimmung wird zu einem stundenlangen Austausch. In diesen Situationen gewinnt kulturelles Verständnis zunehmend an Bedeutung – und kulturelle Intelligenz entwickelt sich nachweislich zum Erfolgsfaktor in der globalen Wirtschaftswelt. Mit ihrer Hilfe können internationale Projekte, Kooperationen und Partnerschaften erfolgreicher gelingen. Ohne sie gehören Missverständnisse, Frustration und Ineffizienz zum Alltag.

Kulturelle Unterschiede und Herausforderungen treten allerdings nicht nur bei multinationalen Unternehmen und ihren Geschäftspartnern zu Tage: Die internationale Logistik und die globalen Handelsplattformen machen kulturelles Bewusstsein und die intelligente Nutzung von kulturellen Besonderheiten zu einem Erfolgsfaktor für

Unternehmen *jeder* Größe. Produkte und Dienstleistungen werden für globale Absatzmärkte entwickelt. Kulturell intelligent verkauft sich dabei besser. Und auch durch das Internet und die digitale Kommunikation ist der Kontakt zwischen den Kulturen nur einen Mausklick weit entfernt. In der Globalisierung stoßen Sie überall auf fremde Kulturen.

Von sozialer Kompetenz zu kultureller Intelligenz

Die neue Schlüsselqualifikation

Soziale Kompetenz und emotionale Intelligenz sind bereits heute wichtige Elemente im Kompetenzprofil eines modernen Managers. Doch die große Zahl interkultureller Berührungspunkte im beruflichen Alltag sorgt dafür, dass kulturelle Intelligenz nun zum zentralen Bestandteil werden muss. Sozial kompetente und vor allem emotional intelligente Menschen sind nachgewiesenermaßen in der Lage, das individuelle Persönlichkeitsprofil einer Person schnell zu erfassen und korrekt zu verstehen. Dank dieser Fähigkeit können sie sich rasch auf beliebige Personen einstellen, Vertrauen und Akzeptanz erzeugen und damit wichtige Kommunikations- und Führungssituationen im gewünschten Sinn ergebnisorientiert beeinflussen.

Kulturell intelligente Menschen sind darüber hinaus in der Lage, auch besondere Eigenarten und Verhaltensmuster zu erkennen und verstehen, die typisch für einen anderen Kulturraum sind. Sie wissen um typische Regeln und spezielle Umgangsformen von mehreren Kulturen, sodass sie sich bei Bedarf problemlos und vor allem sicher in ihnen bewegen können. Zugleich zeichnen sich kulturell intelligente Menschen durch Offenheit, Sensibilität und Selbstreflexivität aus. Damit gelingt es ihnen deutlich besser, neue kulturelle Besonderheiten schneller richtig zu interpretieren, um ihr eigenes Verhalten bewusst daran anzupassen.

Die zunehmende Bedeutung, die kulturelle Intelligenz für international tätige Unternehmen besitzt, hat dazu geführt, dass es auf internationaler Ebene bereits einige Veröffentlichungen zu diesem Themenfeld gibt. Das Gros der Bücher und Aufsätze liegt bis dato auf Englisch vor und basiert auf dem Konzept der Cultural Intelligence (CQ), das von einer Forschergruppe mit Sitz in Singapur 2003 entwickelt wurde. Es ist aktuell das umfassendste, am beste erforschte und leistungsfähigste Konzept von kultureller Intelligenz.

Das vorliegende Buch ist das erste deutschsprachige seiner Art, das den internationalen wissenschaftlichen Stand zur Erforschung von kultureller Intelligenz umfassend und zugleich kompakt aufarbeitet und ihn sodann gezielt auf die moderne Management Praxis überträgt. Damit ist dieses Buch für Manager und Führungskräfte von hohem

Interesse, die ihr Unternehmen beziehungsweise ihre Fachbereiche durch kulturelle Intelligenz fit für die globale Wirtschaftswelt machen möchten. Gleichzeitig hat das Buch auch für diejenigen viel zu bieten, die ihr persönliches Management-Wissen fundiert erweitern wollen. Das vorliegende Buch beantwortet beispielhaft folgende entscheidende Fragen im Zusammenhang mit kultureller Intelligenz und ihrem Einsatz im täglichen Management:

- Was unterscheidet generelle, emotionale und soziale Intelligenz?
- Was versteht man unter kultureller Intelligenz (CQ)?
- Wie kann CQ als neuer Kompetenzbereich gezielt aufgebaut werden?
- Kann man CQ messen und trainieren?
- Wie sollte CQ im Management integriert werden?
- Wie kann CQ digitale Kommunikation verbessern?

Der Aufbau des Buches

Anwendungsorientiertes Wissen für die Praxis

Das vorliegende Buch richtet sich an Manager, Führungskräfte und Querdenker, die

1. motiviert sind, über den Tellerrand zu schauen,
2. kulturelle Vielfalt als Chance verstehen,
3. gut ausgebildete Mitarbeiter als unternehmerischen Erfolgsfaktor sehen und
4. die ihren beruflichen Erfolg in einer globalen Business Welt steigern wollen!

> Wir zeigen Ihnen, wie Sie Vielfalt durch kulturelle Intelligenz aktiv als Chance für Ihren Geschäftserfolg und Ihre persönliche Entwicklung nutzen! Alles Wissenswerte rund um die neue Schlüsselkompetenz finden Sie in spannenden Kapiteln kompakt und anwendungsorientiert aufbereitet.

Das Buch startet mit einem ausführlichen Kapitel zu den Grundlagen von Intelligenz und kultureller Intelligenz. Sie erfahren, was genau unter dem komplexen Konstrukt Intelligenz zu verstehen ist und wodurch sich kulturelle Intelligenz von anderen Intelligenzkonzepten wie genereller, sozialer und emotionaler Intelligenz unterscheidet. Das Kapitel erläutert, welche Intelligenztheorie der kulturellen Intelligenz zugrunde liegt. Darüber hinaus wird die Strategie des CQ-Konzepts vorgestellt, die Fähigkeit kulturelle Intelligenz zu messen und gezielt zu trainieren.

Damit Sie kulturelle Intelligenz als wirtschaftlichen Erfolgsfaktor nutzen können, stellen wir die weltweit größte Vergleichsstudie zu Wirtschaftskulturen vor, und erklären mit ihrer Hilfe, in welchen Hinsichten sich Wirtschaftskulturen sinnvoll unterscheiden lassen.

Im darauffolgenden Kapitel werden die Erkenntnisse aus dem interkulturellen Management genutzt, um die Forschungsergebnisse zur kulturellen Intelligenz auf die Praxis zu übertragen. Anhand der fünf Schritte des Managementprozesses erläutern wir, worauf es bei Zielsetzung, Planung, Entscheidung, Ausführung und Kontrolle von Managementaufgaben im interkulturellen Umfeld ankommt. Kulturelle Intelligenz sichert in jedem der Prozessschritte, dass Sie größtmöglichen Erfolg in einer globalisierten Welt haben werden.

Auf dem Weg zu mehr kultureller Intelligenz warten auf den nächsten Seiten viele erstaunliche Erkenntnisse auf Sie. Wir wünschen wir Ihnen viel Vergnügen bei dieser Lektüre.

2.

Intelligenz, ein komplexes Konstrukt

Theorie, Funktionen, Anwendungsfelder

Als das Konzept der kulturellen Intelligenz vor einigen Jahren erstmals vorgestellt wurde, war es kein Zufall, dass die Autoren eine neue Form der Intelligenz ausriefen (Earley/Ang 2003). Intelligenz ist ein psychologisches Konzept, das seit langem genutzt wird. Deswegen überrascht es nicht, dass das Konzept heute auch auf die für die Wirtschaft so wichtige Dimension der Kultur angewendet wird. Wie kaum ein anderes Persönlichkeitsmerkmal wird Intelligenz sowohl im Alltag als auch im Beruf und in der Wissenschaft für wichtig gehalten. Wenn vom IQ die Rede ist, weiß jeder Mensch sofort, was gemeint ist.

Allerdings ist Intelligenz ein komplexes Konstrukt. Obwohl das Konzept der Intelligenz weit verbreitet und wissenschaftlich etabliert ist, gibt es mehr als nur eine Theorie der Intelligenz. Auch Messinstrumente zur Bestimmung von Intelligenz gibt es zahlreiche. Um die Unübersichtlichkeit auf die Spitze zu treiben, hat sich in den letzten Jahrzehnten neben der generellen Intelligenz auch eine ganze Reihe von Spezialintelligenzen etabliert, die alle ihren Teil zur Vermessung von Persönlichkeiten beitragen. Um verstehen zu können, was es mit kultureller Intelligenz auf sich hat, ist es wichtig, diese Geschichte der Intelligenzforschung kurz Revue passieren zu lassen.

Die verschiedenen Formen von Intelligenz

Eine wissenschaftliche Abgrenzung

Die Erforschung von Intelligenz wurzelt, wie die gesamte moderne Wissenschaft, in dem Wunsch, die Welt und alle Dinge, die es in ihr gibt, verstehen zu können. Gegen diesen Wunsch ist zunächst nichts einzuwenden. Im Feld der Naturwissenschaften hat die menschliche Neugier komplexe Gesetze entdeckt. Viele Theorien haben sich im Verlauf der Geschichte dabei auch als falsch herausgestellt, konnten aber mithilfe von Experimenten widerlegt und schließlich durch bessere Theorien ersetzt werden. Leider helfen naturwissenschaftliche Erklärungen aber meist nur, die unbelebte Natur zu verstehen. Sobald der Mensch als Erkenntnisgegenstand ins Spiel kommt, ist es mit der Gesetzmäßigkeit vorbei, die das Leben von Galaxien und Planeten so schön vorhersagbar macht.

Das klassische Konzept der Intelligenz lässt sich davon nicht abschrecken: Es versucht dennoch, eine Gesetzmäßigkeit in Menschen zu beschreiben. Das gelingt ihm seit Anfang des 20. Jahrhunderts in der bekannten Variante, die eine Skala nutzt, um den IQ eines jeden Menschen mit den IQs aller anderen vergleichbar zu machen (Spearman 1904, Binet/Simon 1911). Der Grundgedanke besteht darin, dauerhafte Persönlichkeitseigenschaften von Menschen zu nutzen, um ihre Intelligenz objektiv bestimmen zu können. Damit ist gemeint, dass weder die Tagesform noch das gegenwärtige Sachwissen eines Menschen in der Lage sein soll, das Messergebnis eines Intelligenztests beeinflussen zu können.

> Ein IQ-Test will die kognitiven Fähigkeiten eines erwachsenen Menschen so präzise und stabil bestimmen können, dass auch bei allen Folgetests derselbe IQ ermittelt wird.

Im Verlauf der bereits viele Jahrzehnte währenden Erforschung der Intelligenz sind immer wieder eindrucksvolle Nachweise für die Aussagekraft und die Stabilität des Intelligenz-Konstrukts gelungen (Rost 2013). Dennoch ist auch Kritik am Modell der klassischen Intelligenz geäußert worden. Auch die Entdecker der kulturellen Intelligenz (CQ) kritisieren das klassische Intelligenzkonzept und behaupten, die Fähigkeit zur interkulturellen Interaktion könne besser mit dem CQ als dem IQ gemessen werden. Was genau aber misst der IQ?

Der erste Intelligenztest prüfte Schüler

Intelligenz ist ein umstrittenes Konzept. Es gibt zahllose Definitionen, die zu bestimmen versuchen, was Intelligenz eigentlich ist (Rost 2010, 14f). Und die Vielfalt der Definitionen überrascht. Sie legen je nach Position einen Schwerpunkt auf Wissen, Verstand, Selbstbestimmung,

Redundanz, Anpassungsfähigkeit, Lernfähigkeit, rationales Handeln, Problemlösungsfähigkeit, Komplexitätsbeherrschung, Informationsverarbeitung, vernetztes Denken oder die Beherrschung neuer Situationen (um nur ein paar ausgewählte zu nennen). Allerdings weicht die Überraschung einer Ernüchterung, wenn man sich klar macht, wie das Intelligenzkonzept entstanden ist.

Der erste praktisch anwendbare Intelligenztest wurde von Binet und Simon im Jahr 1905 entwickelt. Er hatte zum Ziel, die Leistungen von Schulkindern zu erheben, um sie nicht altersgemäß, sondern ihren Fähigkeiten gemäß in Schulklassen einordnen zu können. Die Kinder mussten dafür verschiedene Fragen beantworten, die damals nicht nur in kognitiven Aufgaben wie Rechnen, Muster Erkennen und Wörter Vervollständigen bestand, sondern auch in praktischen Aufgaben wie dem Zählen von Münzen und dem Händeschütteln bei der Begrüßung (Kuhl 2010, 329). Da es vor der Durchführung des Tests noch keinen Erfolgsmaßstab für die Menge an richtigen Antworten in jeder Altersstufe gab, musste der Maßstab im Zuge der Durchführung des Tests entwickelt werden. An diesem Vorgehen hat sich bis heute kaum etwas geändert: Wie beim Intelligenztest von Binet und Simon wird stets davon ausgegangen, dass eine große Zahl an Probanden aus einer bestimmten Zielgruppe – etwa 50 bis 70 Prozent der Getesteten – den durchschnittlichen IQ dieser Zielgruppe recht treffsicher bestimmen kann. Ein Intelligenztest kann damit zwar nicht behaupten, dass er bestimmen kann, was Intelligenz ist. Aber seine wiederholte Anwendung kann bestenfalls nachweisen, dass das, was er misst, über die Zeit hinweg weitgehend stabil bleibt (die Probanden also immer wieder eine ähnliche Punktzahl erreichen). Längsschnittstudien können darüber hinaus deutlich machen, dass die Höhe der Punktzahl mit einer signifikanten Wahrscheinlichkeit für Erfolg im Beruf und im Leben korreliert. Intelligenz ist damit zwar eigentlich nur dasjenige, was durch den jeweiligen Test gemessen wird, denn niemand kann definitiv sagen, was Intelligenz wirklich ist. Aber seine statistische Stabilität kann erfolgreich die Zweifel ausräumen, dass der Intelligenztest nichts anderes als die Fähigkeit misst, gut darin zu sein, einen Intelligenztest auszufüllen. Ist gegen dieses induktive Vorgehen beim Bestimmen von Intelligenz etwas einzuwenden?

Aus wissenschaftlicher Perspektive ist es zunächst kein Problem, dass niemand weiß, was *die* Intelligenz ist, solange es nicht in Vergessenheit gerät, dass wir keinen objektiven Begriff von Intelligenz haben. Denn auch mit mehreren intersubjektiven, also im wissenschaftlichen Diskurs entwickelten und überprüften Intelligenzbegriffen lassen sich großartige Erkenntnisse gewinnen. Intelligenztests sollen aber natürlich nicht nur messen, welche Menschen gut darin sind, Intelligenztests auszufüllen, sondern auch etwas darüber aussagen, was diese Menschen in der Lebenswirklichkeit für Fähigkeiten an den Tag legen werden. Dafür ist es wichtig, die Ergebnisse von Intelligenztests immer wieder mit den Fähigkeiten und Leistungen abzugleichen, die Menschen in ihrem Leben offenbaren. Ist diese Korrelation in großen Stichproben statistisch signifikant, dann lässt sich das Messinstrument auch umgekehrt, nämlich in dem allgemein vertrauten Sinne prospektiv anwenden, um vorauszusagen: Wer ein gutes Ergebnis im Test hat, wird mit größerer Wahrscheinlichkeit real bessere Leistungen erbringen als Menschen mit einem schlechteren Testergebnis. Und diese Voraussage treffen zu können, ist das Ziel jeder Intelligenzbestimmung.

Der g-Faktor der Intelligenz

Wenn Intelligenz nichts ist, das etwa wie ein Stein einfach vorgefunden werden kann, dann sind es die Wissenschaftler, die mit ihren Intelligenztests der Intelligenz erst eine Form geben. Menschen müssen bereits eine Idee von dem haben, was es möglicherweise zu erkennen gibt, bevor sie sich auf die Suche danach machen können. Nicht anders ist das auf dem Feld der Intelligenz, wo gerade in den letzten zwanzig Jahren gezielt nach Konzepten wie emotionaler Intelligenz, sozialer Intelligenz, ökologischer Intelligenz oder eben kultureller Intelligenz gesucht und geforscht wurde.

Bereits ganz zu Beginn der Intelligenzforschung am Anfang des 20. Jahrhunderts kam der bereits erwähnte britische Psychologie Charles Spearman auf die Idee, verschiedene Leistungen derselben Personen miteinander zu vergleichen. Spearman konnte nachweisen, dass Menschen, die gute Leistungen erbrachten, dieses nicht nur auf einem Gebiet taten, sondern auf sehr verschiedenen. So hatten Schüler, die gute Noten in Mathematik vorweisen konnten, häufig auch gute Noten in Fremdsprachen. Mithilfe des statistischen Instruments der Faktorenanalyse konnte Spearman nachweisen, dass die Leistungen einzelner Individuen auf ganz verschiedenen Feldern statistisch miteinander korrelierten. Was genau der Grund dafür ist, warum manche Menschen besser denken können als andere, wusste Spearman nicht – und noch heute wissen wir es nicht genau. Aber Spearman gab der Gemeinsamkeit einen Namen: *g*. Dieses kleine *g* steht für *general intelligence* und seit seiner Entdeckung versuchen die Erforscher der allgemeinen Intelligenz dieses *g* so genau wie möglich zu bestimmen, obwohl es keinen Test gibt – und wohl auch niemals geben wird –, „der *g* und nichts als *g* misst" (Zimmer 2012, 83). Nur mithilfe eines Korrelationskoeffizienten lässt sich aus den Ergebnissen von vielen Dutzend Intelligenztests bestimmen, welche Typen von Aufgaben der Idee von *g* besonders nahekommen. Genau definieren lässt sich *g* dennoch nicht. Trotzdem wissen wir heute sehr viel über die Eigenschaften der generellen Intelligenz.

So wurde durch die intensive Erforschung des *g*-Faktors seit Spearmans Entdeckung Anfang des 20. Jahrhunderts beispielsweise deutlich, dass es mehr als eine Form von *g* gibt. So lassen sich angeborene kognitive Merkmale von gelerntem Wissen unterscheiden. In der Intelligenzforschung wird die Begabung eine fluide Fähigkeit genannt und mit g_f bezeichnet, während das erworbene Wissen als kristallisierte Fähigkeit gilt und mit g_c abgekürzt wird (Esenck 2004, 33). Die charmante, aber eben auch umstrittene Eindimensionalität des *g*-Faktors wird damit jedoch nicht aufgeweicht. In den Augen der Intelligenzforscher hängen g_f und g_c nämlich auf das Engste miteinander zusammen. Das lässt sich an einem IQ-Untertest verdeutlichen, der besonders nah an den oben erwähnten Korrelationskoeffizienten von *g* heran reicht, nämlich der Wortschatztest (Zimmer 2012, 83). Er misst offensichtlich g_c, weil er die Menge an gelernten Wörtern ermittelt. Zugleich ist die Menge dieser Wörter aber abhängig von der Fähigkeit der Testperson, Wörter aus ihrer Umwelt zu unterscheiden, in ihrer Bedeutung zu verstehen und sich zu merken. Auf diese Weise erhebt der Wortschatztest zugleich auch g_f (Eysenck 2004, 34). Wichtig ist es freilich hierbei, die Wortschatzfragen so zu formulieren, dass sie dem sozialen Umfeld der Testperson angemessen sind. Kleinkinder nach wissenschaftlichen Fachbegriffen zu fragen, ist dabei ebenso wenig sinnvoll wie, den Wortschatz über ein soziales Milieu zu erheben, aus dem die Testpersonen nicht stammen.

Im Übrigen gilt für jeden Intelligenztest, dass er ein Minimum an Wissen enthält, sodass er nicht sinnvoll durchgeführt werden kann, wenn die Testperson dieses Wissen nicht besitzt (Eysenck 2004, 34).

Wichtig ist das insbesondere dort, wo identische IQ-Tests auf Menschen aus gänzlich anderen Generationen oder Kulturkreisen angewendet werden sollen. Dies hat sich als weitgehend unmöglich herausgestellt, sodass für jede Population (also auch Generation, Nationalität oder auch soziale Schicht) häufig eigenständige IQ-Tests entwickelt werden.

Woran lässt sich aber erkennen, dass ein IQ-Test einer Population, also einer großen Gruppe von Menschen mit vergleichbarem Wissen und kognitiven Fähigkeiten, angemessen ist, wenn die IQ-Tests für andere Populationen nicht als ein Vergleichsmaßstab genutzt werden können? Die Antwort dafür besteht in einer mathematischen Funktion, von der die Statistiker überzeugt sind, dass sie die Verteilung von Merkmalen der Wirklichkeit richtig abbilden kann: die Gauß-Verteilungskurve.

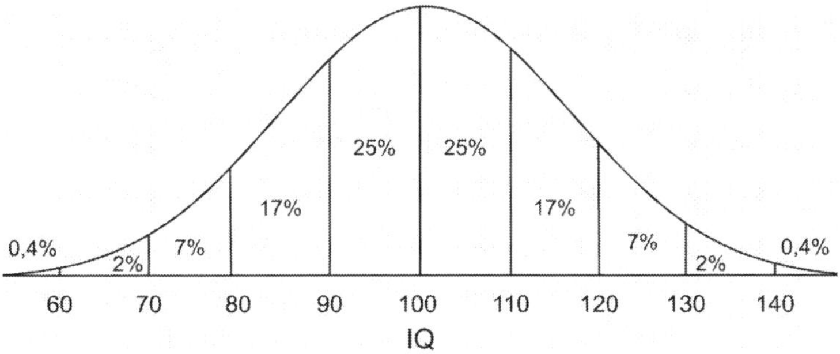

Normalverteilungskurve des IQ (Quelle: Eysenck 2004, 41)

Gemäß dieser sogenannten Normalverteilung existiert ein Verteilungsmittelpunkt (Mittelwert), um den herum sich die statistischen Häufigkeiten spiegelsymmetrisch abtragen lassen müssen. Nur die IQ-Tests, denen das für die von ihnen gemessene Population gelingt, gelten als valide. Gleichsam geeicht werden die IQ-Tests, indem ihr IQ-Mittelwert auf 100 gesetzt wird. Gemäß der Normalverteilung befindet sich die eine Hälfte der gemessenen IQ-Werte links vom Median, die andere Hälfte rechts davon. In der Intelligenzforschung wird gemeinhin von einer Normalverteilung mit einer Standardabweichung von 15 IQ-Punkten ausgegangen (Kuhl 2010, 330). Das bedeutet, dass etwa 68 Prozent aller Menschen einen IQ haben, der 15 Punkte ober- oder unterhalb der 100-Punkte-Marke liegt.

Im Umkehrschluss bedeutet das für die Logik der IQ-Forschung, dass jeder IQ-Test, dessen Einzelergebnisse nicht der Wahrscheinlichkeit einer Normalverteilungskurve entsprechen, falsch sein muss.

Einfluss der Gene auf den g-Faktor

Eine Entdeckung, die im Zusammenhang mit der Erforschung des *g*-Faktors eine besondere politische Aufmerksamkeit gefunden hat, ist der Nachweis einer genetischen Disposition des IQ. Wie stark der Einfluss der Gene auf den *g*-Faktor einer Person genau ist, weiß man zwar nicht, aber vermutlich liegt er für den *g*-Faktor bei Kindern bei circa 40 Prozent, bei Erwachsenen sogar zwischen 65 und 85 Prozent (Zimmer 2012, 10). Allerdings scheint der Einfluss der Gene auf den *g*-Faktor von Menschen aus einfachen sozialen Verhältnissen geringer zu sein als bei denen aus gehobenen Verhältnissen. Der Sozialisation, von der lange Zeit geglaubt wurde, dass sie die einzige ernst zu nehmende Determinante von Intelligenz darstellt, wird damit heute nur ein nachgeordneter Einfluss zugesprochen.

So umstritten die Existenz eines *g*-Faktors auch sein mag, er hat die Intelligenzforschung sehr erfolgreich geprägt und die Intervallskala des IQ, die den gleichen Abstand zwischen allen Einzelwerten unterstellt (Kuhl 2010, 329), scheint das bestehende Modell immer wieder statistisch zu bestätigen: „Bei der IQ-Messung ist die Fehlergröße ganz gering; sie liegt ungefähr im Bereich von fünf IQ-Punkten“ (Eysenck 2004, 21).

Das Problem mit dem *g*-Faktor

Seit dem Beginn der Intelligenzforschung gibt es Kritik daran, dass *g* und mit ihm der Test der allgemeinen Intelligenz tatsächlich Auskunft über die Leistungsfähigkeit von Menschen geben kann (Sternberg 2000, Rost 2013, aber auch Enzensberger 2007). Von den vielfältigen Einwänden wollen wir vor allem diejenigen Kritikpunkte am *g*-Faktor erläutern, die in den letzten Jahren zur Entwicklung von alternativen Intelligenzkonzepten geführt haben. Ein Ergebnis dieser produktiven Neubestimmung von Intelligenz ist nämlich das Konzept kultureller Intelligenz.

1. Kritikpunkt: Eindimensionalität

Einer der Kritikpunkte richtet sich gegen die Eindimensionalität des *g*-Faktors. Um die Fähigkeit eines Menschen zum abstrakten Denken zu ermitteln, so der Einwand, mag es genügen, Aufgaben zu erfinden, die genau diese Abstraktionsleitung verlangen, indem bestehende Ordnungsmuster erkannt und durch eigene Überlegungen vervollständigt werden müssen. Dass diese Fähigkeit aber ausreichen soll, um die Leistungsfähigkeit und damit den beruflichen Erfolg von Menschen bestimmen zu können, ruft Widerspruch hervor. Die Anhänger des Konzepts der generellen Intelligenz verweisen darauf, dass ihnen die Statistiken Recht geben und dass Menschen mit einem hohen IQ nachweislich beruflich erfolgreicher sind. Die Kritiker halten dem jedoch entgegen, dass die Faktorenanalyse zwar Korrelationen aufzeigen kann, dass diese Korrelationen aber keinesfalls zwingend Kausalzusammenhänge zwischen den gemessenen Variablen begründen, noch dass die Variablen als Ausprägungen derselben Dimensionen verstanden werden müssen (Enzensberger 2007, 39). Was damit gemeint ist, kann anschaulich an Messgrößen aus einem anderen Bereich gezeigt werden.

Das Gewicht und die Größe von Menschen stehen häufig in einer Korrelation zueinander: Große Menschen sind oft schwerer, während kleinere Menschen eher leichter sind. Obwohl es also eine häufige Korrelation zwischen beiden Variablen gibt, würde jedoch niemand auf die Idee kommen, nur einen von beiden Werten zu erheben und zu unterstellen, der zweite Wert ergäbe sich aufgrund des hohen Korrelationsgrades aus dem ersten (Kuhl 2010, 330f). In der Forschung zur generellen Intelligenz werden jedoch alle mentalen Leistungsmerkmale eines Menschen als Ausweis einer einzigen Dimension verstanden. Übertragen auf die erwähnten körperlichen Messwerte heißt das, nur eine einzige Zahl zu nutzen, um die Körper von Menschen zu klassifizieren. Dass dabei praktisch nicht mehr sinnvoll zwischen den verschiedenen Ausprägungen menschlicher Merkmale wie Höhe, Gewicht, Brust-, Bauch- und Hüftumfang, Beinlänge, Kragenweite usw. unterschieden werden kann, liegt auf der Hand. Dennoch unterscheiden sich die Körper von Menschen aber natürlich in allen genannten (und noch zahllosen weiteren) Dimensionen voneinander.

2. Kritikpunkt: Stabilität des Messergebnisses

Aber nicht nur an der Konstruktvalidität von Intelligenz, sondern auch an ihrer Reliabilität, also an der Stabilität des Messergebnisses, wurden Zweifel laut. James Flynn untersuchte Anfang der 1980er Jahre Ergebnisse von IQ-Tests, die mittlerweile veraltet und durch neuere Versionen ersetzt worden waren.

> Beim vergleichenden Blick auf deren Ergebnisse erkannte er, dass die IQ-Werte aller untersuchten Personen seit der Einführung von Intelligenztests am Anfang des Jahrhunderts kontinuierlich angestiegen waren. Im Durchschnitt ergab sich eine Erhöhung des durchschnittlichen IQ um drei Punkte pro Jahrzehnt.

Im Vergleich von Menschen aus verschiedenen Generationen erkannte er sogar eine durchschnittliche Verbesserung um fünf bis 25 Punkte für jede nachfolgende Generation (Flynn 1987, 184). Bis heute ist der Ursprung dieser Querschnittveränderungen im Messverhalten der IQ-

Tests nicht hinreichend klar (Kuhl 2010, 332f). Allerdings sind sie geeignet, um Unruhe zu stiften unter den Anhängern wie den Kritikern von eindimensionalen IQ-Tests. Denn wenn die behauptete Stabilität des *g*-Faktors, die in Längsschnittstudien wie der Isle-of-Wight-Studie zwischen den 1960er und den 1980er Jahren nachgewiesen worden sein soll (Eysenck 2004, 25), nicht in dem Maße besteht, wie es die Forscher erwartet hatten, dann mag Intelligenz (oder mindestens die Messung von Intelligenz) noch von weiteren Faktoren abhängen, die bislang nicht in die Erhebung der generellen Intelligenz eingeflossen sind.

Mehrdimensionale Intelligenz

Wird die Eindimensionalität der generellen Intelligenz als zu simpel kritisiert, und soll der Begriff der Intelligenz nicht schlichtweg aufgegeben werden, dann liegt es nahe, ein mehrdimensionales Konzept von Intelligenz vorzuschlagen. Robert J. Sternberg hat dazu in den 1980er Jahren wichtige Überlegungen angestellt, die in sein Konzept der triarchischen Intelligenz gemündet sind. Sie bilden eine wichtige Grundlage für das Konzept der kulturellen Intelligenz, sodass es für dessen Verständnis wichtig ist, Sternbergs Gedanken genauer vorzustellen. Alle einzelnen Komponenten und Subtheorien von Sternberg liegen prinzipiell auch dem Konzept der kulturellen Intelligenz zu Grunde und sie werden im anwendungsorientierten, zweiten Teil dieses Buches immer wieder genutzt.

Wer sich vor allem für die praktische Anwendung von kultureller Intelligenz interessiert, kann bei Wunsch gleich zum Praxis-Teil des Buches springen und später zum vorliegenden Kapitel zurückblättern. Um das Konzept der kulturellen Intelligenz jedoch wirklich zu verstehen, sind die folgenden Seiten Pflichtlektüre.

Sternbergs (1985) Theorie gilt heute als eine der fundiertesten und umfassendsten Theorien zur Intelligenz (Kuhl 2010, 333). Sie konzipiert Intelligenz als ein Zusammenspiel von drei Dimensionen. Jede von ihnen wird von Sternberg mit einer eigenen Theorie versehen. Auf diese Weise weitet Sternberg den Blick der Intelligenzforschung.

> Sternberg schaut nicht mehr allein auf den durch die Statistik der Faktorenanalyse aufschimmernden, allerdings nicht definierbaren *g*-Faktor, sondern er erweitert den Intelligenzbegriff um Konzepte aus der Persönlichkeitsforschung wie die Big Five.

Wenn die Eigenschaften, die die Intelligenz eines Menschen ausmachen, mit Offenheit oder Gewissenhaftigkeit in Verbindung gesetzt werden, werden sie fassbarer und verständlicher. Zugleich wird die strenge statistische Korrelation auf *g* als den alleinigen Faktor jeglicher Intelligenz vermindert, aber genau das ist ja auch das Ziel des mehrdimensionalen Intelligenzbegriffs (Kuhl 2010, 334).

Die folgende Tabelle gibt einen Überblick über die Dimensionen des mehrdimensionalen Intelligenzbegriffs und die Bestandteile, aus denen sie zusammengesetzt sind.

Dimension	**Bestandteil**
Analytische Dimension	Informationsverarbeitung
	Problemlösung
	Lernen
Anpassungsdimension	Anpassung
	Gestaltung
	Selektion
Erfahrungsdimension	Umgang mit Neuem
	Verhalten automatisieren

Bestandteile mehrdimensionaler Intelligenz

Analytische Dimension

Seine erste Dimension bezeichnet Sternberg als komponentielle Subtheorie. Sie erfasst analytische Intelligenz und besteht aus drei Funktionskomponenten, die die Fähigkeiten eines Menschen betreffen, Informationen verarbeiten zu können.

(a) Informationsverarbeitungsfunktion

Die metakognitive Komponente erfasst, ob Menschen mit ihrem Wissen angemessen umgehen können, das heißt, ob sie beispielsweise wissen, wann sie einen Stoff wiederholen müssen, um ihn zu behalten (Kuhl 2010, 334). Der Begriff der Metakognition, der später auch im Kontext der kulturellen Intelligenz eine zentrale Rolle spielen wird, bezeichnet die Fähigkeit, über Wissen und Informationsverarbeitung nachdenken und über ein erfolgreiches Informationsmanagement zu verfügen. Dabei geht es also um das Wie der Wissensorganisation und nicht um dessen Inhalte. Dazu gehören zum Beispiel viele Fähigkeiten, die für Manager unabdingbar sind: Probleme als solche zu erkennen, Ziele zu definieren, die ökonomischsten Problemlösungen identifizieren zu können, Lösungsstrategien zu entwickeln, auf mentale Fähigkeiten gezielt zuzugreifen sowie die tatsächliche Problemlösung kontrollieren und evaluieren zu können (Davidson/Downing 2000, 42).

(b) Problemlösungsfunktion

Die tatsächliche Problemlösungskomponente bildet nach Sternberg eine eigene Subtheorie, weil sie ein implizites Handlungswissen bezeichnet, das Menschen in die Lage versetzt, die von ihnen metakognitiv ermittelten Lösungsstrategien mit den realistisch umsetzbaren Lösungsmöglichkeiten abzugleichen – und dann auch tatsächlich auszuführen (Davidson/Downing 2000, 42).

(c) Lernfunktion

Als dritte und letzte Funktionskomponente nennt Sternberg die Lernfunktion, also die Fähigkeit, aus Erfahrungen neue und bislang unbekannte Informationen ableiten und sich zu eigen machen zu können. Nach Sternberg setzt sich die Lernfunktion aus drei Einzelfähigkeiten zusammen, nämlich aus den Fähigkeiten, gezielt Informationen aufzusuchen, Informationen miteinander zu kombinieren und Informationen miteinander zu vergleichen.

Alle drei Funktionskomponenten zusammen bilden den universalen, also kulturübergreifenden Kern der Intelligenz. Sternberg, der sich selbst sehr intensiv mit Intelligenzkonzepten in Kulturen auf der ganzen Welt auseinandergesetzt hat (Sternberg 2004), legt damit ein Modell vor, das in etwa der generellen Intelligenz entspricht. Der Unterschied zum klassischen *g*-Faktormodell besteht darin, dass Sternberg die einzelnen Bestandteile allgemeiner Intelligenz stärker ausdifferenziert. Dieser Vorteil an theoretischer Elaboration geht allerdings auf Kosten der Trennschärfe zwischen den einzelnen Komponenten – was im Folgenden deutlich wird, wenn die beiden weiteren Dimensionen von Sternbergs triarchischem Modell erläutert werden. Sobald Intelligenz aber nicht nur psychometrisch gemessen, sondern auch verstanden und ihr Entstehen didaktisch unterstützt werden soll, sind Differenzierungen wie die von Sternberg vorgeschlagenen extrem hilfreich.

Anwendungsdimension

Die zweite Dimension bezeichnet Sternberg als kontextuelle Subtheorie (Umsetzungskompetenz). Sie umfasst diejenigen praktischen Aspekte von Intelligenz, die dafür sorgen, dass eine Person ihre Fähigkeiten bestmöglich verwirklichen kann. So setzt die kontextsensible Verwirklichung der eigenen Fähigkeiten zum Beispiel voraus, sich sicher in seiner Umwelt bewegen zu können, sich ihr anpassen oder auch sie effizient verändern zu können, damit die eigenen Fähigkeiten auch zur Anwendung kommen können.

Der Grund, warum Sternberg diese Dimension als einen eigenständigen Bestandteil von Intelligenz versteht, liegt darin, dass er beim Testen der Intelligenz von Managern bemerkte, dass es unter ihnen einige gab, die in Intelligenztests deutlich schlechter abschnitten als in Tests über implizites Managementwissen. Bei ihnen zeigte sich, dass ihre Effizienz im geschäftlichen Umfeld nicht durch ihre (fehlende) Effizienz im Umgang mit Intelligenztests erklärt werden konnte (Davidson/Downing 2000, 43). Es muss also eine eigenständige praktische Umsetzungskompetenz geben, die nicht durch die kognitiven und metakognitiven Aspekte der ersten Dimension erfasst wird. Sternberg unterscheidet in dieser Anwendungskompetenz wiederum drei Funktionen.

(a) Anpassungsfunktion

Die Anpassungsfunktion erlaubt es Menschen, auf Veränderungen in ihrer Umwelt angemessen zu reagieren. Je nach der Welt, in der sie leben, kann die Anpassungsfunktion sehr verschiedene Aufgaben bewältigen. Das Handlungswissen, das hierfür ausschlaggebend ist, kann sehr unterschiedlich sein zwischen Menschen aus verschiedenen Kulturkreisen. Das gilt auch für die beiden weiteren Funktionen der Praxisdimension von Intelligenz.

(b) Gestaltungsfunktion

Gestaltungsfunktion heißt die Fähigkeit, die eigene Umwelt verändern, um sich in ihr bestmöglich bewegen zu können (Kuhn 2010, 334). Sternberg macht damit deutlich, dass der Mensch kein passives Wesen ist, sondern sich gerade darin von Tieren unterscheidet, dass er sich seine eigene Welt erschafft. Intelligent ist es also nicht nur, sich seiner Umwelt gut anpassen zu können, sondern auch, seine Umwelt so zu verändern, dass die eigene Intelligenz in ihr bestmöglich wirksam werden kann.

(c) Selektionsfunktion

Als Selektionsfunktion bezeichnet Sternberg schließlich die Fähigkeit, sich aus der Umwelt gezielt diejenigen Informationen herauspicken zu können, die die eigene Intelligenz bestmöglich verbessern helfen (Kuhn 2010, 334).

Auf das Alltagsverständnis heruntergebrochen bedeutet das, dass intelligente Menschen sich zunächst ihrer Umwelt anpassen können (a). Falls das nicht gelingt, verändern sie ihre Umwelt zu ihrem Vorteil (b). Und falls selbst das nicht möglich ist, suchen sie sich eine neue Umwelt beziehungsweise neue Informationen, damit sie bestmöglich leben können (c) – was nichts anderes heißt, als intelligent zu leben (Davidson/Downing 2000, 43). Mit den beiden genannten Subtheorien ist Intelligenz in Sternbergs Augen indes noch nicht vollständig verstanden. Es fehlt noch die Fähigkeit, sich erfolgreich mit neuen Dingen auseinandersetzen zu können.

Erfahrungsdimension

Die Subtheorie der Erfahrung besteht aus zwei Aspekten: (a) der Fähigkeit, mit Neuem angemessen umzugehen und (b) der Fähigkeit, erworbene Problemlösungsfähigkeiten zu automatisieren, und sie so gleichsam unbewusst und so anstrengungslos wie möglich im eigenen Denken und Tun realisieren zu können (Kuhl 2010, 334). In der letzten Intelligenzdimension von Sternberg wird, wie schon in der zweiten Dimension, die Rolle des impliziten Wissens deutlich, die er im Vollzug von intelligentem Tun am Werk sieht. Intelligenten Menschen fällt es leichter, einmal erkannte neue Problemlösungsstrategien selbstverständlich anzuwenden, ohne dass ihnen die korrekte Anwendung einer Problemlösungsstrategie erklärt werden müsste. Aber nicht nur das. Ihnen gelingt es auch in Windeseile, bewusst erarbeitete Lösungsstrategien im nächsten Schritt völlig unbewusst und ohne einen großen Aufwand an mentalen Ressourcen auszuführen (Davidson/Downing 2000, 43). Durch diese Effizienz im Umgang mit ihren Ressourcen können intelligente Menschen schon wieder neue Informationen aufnehmen und verarbeiten, während weniger intelligente Menschen ihre Ressourcen noch einsetzen müssen, um neue Problemlösungsstrategien überhaupt erst zu finden und zu erproben.

Resümee

Verfechter der alleinigen Relevanz des *g*-Faktors wie Eysenck und Rost werfen Sternberg vor, er blase das Intelligenzkonzept einerseits unnötig auf, indem er der komponentiellen Subtheorie, die den bekannten *g*-Faktor reproduziere, weitere Konzepte wie Antrieb und Motivation zur Seite stellt, die mit Intelligenz zunächst gar nichts zu tun hätten (Eysenck 2004, 360). Auf der anderen Seite beklagen sie, dass mehrdimensionale Intelligenzmodelle, zu denen auch Sternbergs triarchisches Modell gehört, das eindimensionale Modell der Intelligenz nur vervielfachen, sodass Sub-Dimensionen von Intelligenz entstehen, die in den Tests denselben Faktorwert erhalten. Wenn verschiedene Faktorenskalen aber dieselben Werte zeigen, dann sind sie offenbar identisch und messen dieselbe Eigenschaft, sodass sie auf eine einzige Faktorenskala reduziert werden sollten. Falls die Faktorenskalen aber tatsächlich verschiedene Aspekte messen würden, dann so die dritte Kritik, sei es einfach unpraktisch und teuer, für alle einzelnen Skalen gesonderte Fragebögen zu erstellen und zu erheben, wenn es mit dem *g*-Faktor eine Skala gibt, die mehr oder weniger dieselben Fähigkeiten auf eine einfachere und schnellere Weise erheben kann (Rost 2013, 167f).

Die Vertreter eines mehrdimensionalen Intelligenzbegriffs haben sich durch keinen der drei genannten Einwände von ihren Überlegungen abbringen lassen. Ganz im Gegenteil erschien ihnen die Brücke zwischen der Intelligenzforschung und der Persönlichkeitspsychologie besonders fruchtbar zu sein, um verstehen zu können, welche Persönlichkeitsmerkmale und welche Fähigkeiten intelligenten Menschen eigen sind. Auf der Grundlage ihrer Erkenntnisse können wir Intelligenz als ein Phänomen verstehen, dass kognitive und praktische Fähigkeiten vereint. Sogar die Erfahrungen einer Person spielen eine Rolle, um die Intelligenz ihres Handelns zu beurteilen. Damit wird es möglich, zwischen den gleich intelligenten Menschen zu unterscheiden. Zugleich erlaubt die Unterscheidung von Intelligenz in mehrere Dimensionen auch, einzelne dieser Dimensionen gezielt zu trainieren, um die Intelligenz einer Person insgesamt zu verbessern.

Auch wenn Persönlichkeitsmerkmale als unveränderlich gelten, ermöglicht es das Wissen, um die komplexe Struktur von Intelligenz, Trainingsmöglichkeiten zu entwickeln und Menschen so zu helfen, mehr aus ihren Möglichkeiten zu machen.

Bevor das am Beispiel der kulturellen Intelligenz gezeigt wird, muss allerdings zunächst geklärt werden, was es heißt, von Kultur zu sprechen. Ohne zu klären, was mit Kultur gemeint ist, kann auch die Intelligenz für den Umgang mit diesen Kulturen nicht verständlich werden.

Kultur heißt soziale Ordnung

Und jede Ordnung ist anders

Der Begriff Kultur wird heute häufig und mit ganz verschiedenen Bedeutungen verwendet: Von Streitkultur, Körperkultur und Unternehmenskultur über Leitkultur, politische Kultur und die Aussage, jemand habe Kultur, sind zahllose Wörter bekannt, in denen zwar das Wort Kultur vorkommt, aber offensichtlich etwas sehr Verschiedenartiges meint (Moebius 2010, 7). Zumeist haben wir im Alltag zwar ein intuitives Verständnis dieser Begriffe. Wenn der Kulturbegriff wissenschaftlich definiert werden soll, kommt dieses Alltagsverständnis jedoch schnell an seine Grenzen. Angesichts der Komplexität des Phänomens ‚Kultur' verwundert das nicht. Auch die Wissenschaft kommt nicht mit einer einzigen Definition aus. Vielmehr hängt es vom jeweiligen Aspekt ab, der einen an der Kultur interessiert, ob man zu einer philosophischen, soziologischen, biologischen oder einer noch anderen Definition von Kultur greifen wird. Die Wirtschaftswissenschaften beschäftigen sich mit der Gestaltung sozialer Ordnung, sodass sie mit einem soziologischen beziehungsweise sozialwissenschaftlichen Kulturbegriff operieren. Ihn zu erläutern, soll der Startpunkt sein, um zu verstehen, was kulturelle Intelligenz bedeutet.

Vier Kulturbegriffe

Eine allgemeine und ziemlich abstrakte Definition eines sozialwissenschaftlichen Kulturbegriffs lautet:

> Kultur heißt eine symbolische Ordnung, die aus Werten, Idealen, Wahrnehmungsmustern und Sinnzusammenhängen besteht (Moebius 2010, 9).

Diese Sinnzusammenhänge zeigen sich darin, wie die Mitglieder einer Kultur ihr eigenes praktisches Handeln verstehen beziehungsweise interpretieren.

Normativer Kulturbegriff

Dass das Lateinische *cultura* Anbau und Veredelung im landwirtschaftlichen Sinn, aber später auch in einem pädagogischen Sinn Ausbildung bedeutet, ist heute noch spürbar, wenn Kultur als etwas verstanden wird, das Bildung voraussetzt (Moebius 2010, 15). Es ist dieser Sinn, in dem sich ein kultureller von einem kulturlosen Menschen unterscheidet. Soll Kultur sozialwissenschaftlich bestimmt werden, dann wird allerdings versucht, diesen normativen Kulturbegriff – der Kultur als etwas Gutes versteht – zu vermeiden. Auch im Konzept der kulturellen Intelligenz wird Kultur ausschließlich deskriptiv und nicht normativ verstanden, sodass ein *kulturell* intelligenter Mensch etwa ein *stilvoll* intelligenter Mensch wäre, sondern einer der besonders gut mit kulturellen Unterschieden klarkommt.

Deskriptiver Kulturbegriff

Der zweite Kulturbegriff ist ein deskriptiver Kulturbegriff. Er wird auch als totalitätsorientiert bezeichnet. Dieser Kulturbegriff steht dem Naturbegriff gegenüber, sodass er alles als Kultur aufgefasst, was nicht unmittelbar ein Ergebnis von natürlichen Prozessen ist. Damit ist der totalitätsorientierte Kulturbegriff so umfassend, dass er alle gesellschaftlichen Prozesse als Kultur versteht (Moebius 2010, 18). Auf diese Weise wird aber schlichtweg alles zur Kultur und dadurch wird der Begriff so sehr mit Bedeutung überlastet, dass er kaum mehr zu gebrauchen ist. Deutlich wird das am Beispiel der kulturellen Intelligenz, die dann die Intelligenz im Umgang mit allen nur erdenklichen Produkten des menschlichen Geistes sein müsste. Eine so verstandene kulturelle Intelligenz würde dann allerdings auch die generelle Intelligenz umfassen müssen, denn sie misst ja die Fähigkeit, Muster und Logiken zu erkennen, die ebenfalls von Menschen gemacht sind. Der totalitätsorientierte Kulturbegriff ist also viel zu weit, um auf seiner Grundlage ein Intelligenzkonzept entwickeln zu können.

Differenztheoretischer Kulturbegifff

In der Mitte des 20. Jahrhunderts wurde als Drittes ein differenztheoretischer Kulturbegriff in den Sozialwissenschaften hervorgebracht. Der sperrige Begriff der Differenztheorie bedeutet hier Systemtheorie und sie versteht Kultur als ein gesellschaftliches Subsystem neben anderen Subsystemen wie Politik, Religion, Erziehung oder Wissenschaft. Trotz seines ungewöhnlichen Namens deckt sich der differenztheoretische Kulturbegriff damit überraschend deutlich mit dem weit verbreiteten Verständnis, das unter Kultur Musik, Literatur, Kunst und Medien versteht (Moebius 2010, 19). Würde dem Konzept der kulturellen Intelligenz dieser Kulturbegriff zugrunde gelegt werden, dann könnte man mit ihm vielleicht Opernkritiker und Literaturfreunde klassifizieren, für das interkulturelle Management und die Klärung der Frage, welche Manager in der Auslandsentsendung erfolgreich sein werden, wäre er allerdings kaum zu gebrauchen.

Sinntheoretischer Kulturbegriff

Der vierte und letzte sozialwissenschaftliche Kulturbegriff bleibt damit als einziger übrig und er wird auch im Konzept der kulturellen Intelligenz verwendet.

Er versteht Kultur als ein Zusammenspiel aus „Sinnzusammenhänge[n], (Be-)Deutungsmuster[n], kognitiven Ordnungsschemata und symbolischen Ordnungen, die die gesamte Gesellschaft durchziehen und dem Handeln Sinn verleihen“ (Moebius 2010, 78) und die sich über die Zeit hinweg verändern.

Kultur ist damit etwas, das nicht einmalig untersucht werden kann, sondern dass nach einer gewissen Zeit wieder neu betrachtet werden muss, weil es sich in der Zwischenzeit verändert haben könnte (kultureller Wandel). Zudem wird Kultur nicht als ein einheitliches Ordnungssystem verstanden, sondern als ein dynamisches Konglomerat aus Überzeugungen, das sich in verschiedene Teil- und Subkulturen aufsplittert. Diese Ausdifferenzierung geschieht über Stile und Moden (etwa Hip-Hop, Hipstertum), über Einkommen (Reiche, Arme), über das Geschlecht (Männer, Frauen, Diverse), über Religionszugehörigkeit (etwa Katholiken, Protestanten) und über viele weitere Unterscheidungsmerkmale (beispielsweise Alter, Ethnie, Bildung, Familienstand, Beruf).

Jede Gemeinschaft hat eine Kultur

Kulturelle Identitäten sind extrem komplex, weil sie sich darin vielfache Kultureinflüsse überlagern (man denke an einen reichen, fünfzigjährigen, atheistischen deutschen Unternehmer mit ghanaischen Eltern, ohne Kinder und mit abgebrochenem Studium). Rekonstruiert und verstanden werden kann Kultur freilich nicht über einen Katalog an festen kulturellen Eigenschaften, sondern nur über die Betrachtung des konkreten Verhaltens von Menschen. Um die kulturellen Eigenarten von Menschen verstehen zu können, müssen deswegen ihre Handlungen angemessen interpretiert werden können. Grundlegendes Wissen um die Geschichte und die Gewohnheiten in einer Kultur sind dafür zwar von Nutzen. Letztlich führt der bedeutungsorientierte Kulturbegriff aber vor Augen, dass jeder Mensch eine mehr oder weniger individuelle Mischung aus verschiedensten kulturellen Einflüssen und Erfahrungen ist. Im nächsten Kapitel wird deutlich, dass kulturell intelligent zu sein, deswegen auch bedeutet, sensibel für die konkreten Verhaltensweisen und Anschauungen von einzelnen Menschen zu sein.

Wenn jeder Mensch eine individuelle Kultur hat: Heißt das dann, dass es keine gemeinschaftliche Kultur gibt, keine Gemeinsamkeiten zwischen den Menschen? Kollektive kulturelle Gemeinsamkeiten zu leugnen, läuft unseren Alltagserfahrungen zuwider. Dass viele Franzosen Wert auf eine zweistündige Mittagspause legen, während viele Deutsche auf ihr Mittagessen auch verzichten oder es direkt vor dem Computer zu sich nehmen, ist eine alltägliche Beobachtung. Aber Vorsicht: Deswegen schlichtweg eine französische von einer deutschen Kultur unterscheiden zu wollen, ist keine gute Entscheidung, denn zugleich teilt die deutsche Akademikerin aller

Wahrscheinlichkeit nach viel mehr Gemeinsamkeiten mit der französischen Akademikerin als mit dem deutschen Bauern von nebenan. Was also tun, um der individuellen Einmaligkeit von Menschen und den gleichzeitigen kulturellen Gemeinsamkeiten innerhalb sozialer Gruppen gerecht zu werden?

Die Lösung für das Problem ist recht einfach. Menschen sind soziale Wesen und stehen kontinuierlich mit anderen Menschen in Kontakt und im Austausch. In der täglichen Interaktion wird jeder Mensch durch die Reaktionen anderer Menschen auf ihn beeinflusst und beeinflusst seinerseits das, was andere tun und denken (Kumbruck/Derboven 2015, 6f).

Kultur kann vor diesem Hintergrund als ein Bündel an intersubjektiv geteilten Erwartungen verstanden werden, die den meisten Menschen häufig gar nicht bewusst sind, obwohl sie sie tagtäglich verwenden.

Wenn diese Erwartungen systematisch erschlossen werden, dann ist es möglich, Kulturen in ihren kollektiven Eigenarten besser zu verstehen. Wird diese Analyse für verschiedene Kulturen gleichzeitig durchgeführt, ist es darüber hinaus möglich, Kulturen zu vergleichen. Wichtig ist es dabei aber stets in Erinnerung zu behalten, dass kulturelle Beschreibungen nur ausschnitthafte Momentaufnahmen sind, sodass sich Menschen einerseits auch ganz anders als in ihrer Kultur üblich verhalten können und dass in Kulturen andererseits heute bereits andere Erwartungen vorherrschen können als noch vor fünf oder zehn Jahren. Bestimmte kulturelle Grundüberzeugungen besitzen allerdings eine erstaunliche Kontinuität, oft sogar über Jahrhunderte hinweg.

Kulturdimensionen der Leadership-Studie GLOBE

Einen sehr einflussreichen und für die Entdecker der kulturellen Intelligenz vorbildhaften Vorschlag zur Systematisierung von Kulturen hat Geert Hofstede Anfang der 1980er Jahre vorgelegt. Er hat einen großen Datensatz über Werteeinstellungen und Überzeugungen mehrerer tausend Beschäftigter von IBM ausgewertet und auf dieser Grundlage zeigen können, in welchen Hinsichten sich Menschen aus verschiedenen Kulturen unterscheiden. Hofstedes psychologisch-anthropologische Forschungen gelten den Eigenarten, die gruppenspezifisch sind und von den Individuen auf dem Weg zu ihrer Mitgliedschaft in der Gruppe erlernt werden. Um in dem weiter oben erwähnten komplexen Geflecht der kulturellen Prägungen eines jeden Menschen nicht die Orientierung zu verlieren, hat Hofstede die Menschen in seinem Datensatz nach den Nationalstaaten geordnet, in denen sie leben. Er hat also angenommen, dass sich Menschen, die in demselben Staat leben, hinreichend von Menschen aus anderen Staaten unterscheiden. Er ist für diese Entscheidung scharf kritisiert worden (Schmitz 2015). Und tatsächlich wirft Hofstedes Entscheidung, seinen Kulturbegriff an Staatsgrenzen auszurichten, die Komplexität der oben geschilderten Kulturforschung wieder zurück ins 19. Jahrhundert. Hofstede war sich des Nachteils dieser Entscheidung zwar bewusst, er wusste aber auch, dass er ohne eine pragmatische Klassifikation von Kulturen nach Staaten kaum aussagekräftige Unterschiede formulieren konnte (Hofstede/Hofstede 2011, 23f).

Als Ergebnis seiner Forschung konnte Hofstede sechs Dimensionen formulieren, in denen sich die Einstellungen von Menschen aus verschiedenen Ländern besonders unterscheiden. Diese Dimensionen bildeten einen wichtigen Ausgangspunkt für zahlreiche Ansätze der nach ihm kommenden vergleichenden Kulturforschung. Das wird durch die folgende Tabelle deutlich, die einen Überblick über die Kulturdimensionen wichtiger Studien gibt:

Autoren	Kulturdimensionen
Kluckhohn/ Strodtbeck	Beziehung zur Natur, Beziehung zwischen Menschen, menschliche Aktivität, Beziehung zur Zeit, Natur des Menschen
Hofstede	Machtdistanz, Unsicherheitsvermeidung, Individualismus vs. Kollektivismus, Maskulinität vs. Femininität, Kurzzeit- vs. Langzeitorientierung, Genussorientierung vs. Zurückhaltung
Hall	Starker vs. Schwacher Kontext, territoriales vs. kommunales Raumkonzept, monochrones vs. polychrones Zeitkonzept
Trompenaars	Universalismus vs. Partikularismus, Individualismus vs. Kollektivismus, spezifische vs. diffuse Rollen, neutrales vs. Affektives Verhalten, Leistung vs. Status, Zeitorientierung (Vergangenheit/ Gegenwart vs. Zukunft), Umweltbeziehung (Beherrschung vs. Harmonie)
Thomas*	Schwacher vs. starker Kontext im Kommunikationsstil, starke vs. schwache Hierarchie- bzw. Autoritätsorientierung, Personenorientierung vs. Sachorientierung, Orientierung am Individuum vs. Gruppenorientierung, monochrones vs. polychrones Zeitverständnis, Regelorientierung vs. Regelrelativismus
Schwartz	Konservatismus vs. Autonomie, Hierarchie vs. Gleichheit, Beherrschung/ Kontrolle vs. Harmonie
House et. al. (GLOBE)	Machtdistanz, Unisicherheitsvermeidung, Humanorientierung, Institutioneller Kollektivismus, Gruppenkollektivismus, Selbstdurchsetzung, Geschlechtergleichheit, Zukunftsorientierung, Leistungsorientierung

*Im Konzept von Thomas werden jeweils für bi-kulturelle Situationen Kulturstandards ermittelt. Die am häufigsten auftretenden Dimensionen der Standards sind hier in ihren Dimensionen aufgeführt.

Quelle: Zusammengestellt nach Steers et. All (2012, S. 411 ff.) und ergänzt.

Übersicht der Kulturdimensionen (Quelle: Lang/Baldauf 2016, S. 10)

Autoren / Kulturdimensionen	Hall/Hall (1990)	Hofstede (1980a)	Javidan/ House/ Dorfman (2004)	Kluck-hohn/ Strodt-beck (1961)	Schwartz (1994)	Trom-penaar/ Hampden-Turner (2007)
Aktivitätsorientierung des Menschen	-	-	-	✓	-	-
Beziehungsorientierung	-	-	-	✓	-	✓
Durchsetzungsvermögen	-	-	✓	-	-	-
Individualismus/ Kollektivismus	-	✓	✓	-	✓	✓
Kommunikationsart	✓	-	-	-	-	✓
Kontextorientierung	-	-	-	-	-	-
Leistungsorientierung	-	-	✓	-	-	✓
Machtdistanz	-	✓	✓	-	✓	-
Maskulinität/ Feminität	-	✓	✓	-	-	-
Menschorientierung	-	-	✓	✓	-	✓
Raumorientierung	✓	-	-	-	-	-
Umweltorientierung	-	-	-	✓	✓	✓
Unsicherheitsvermeidung	-	✓	✓	-	-	-
Zeit- und Zukunfts-orientierung	✓	✓	✓	✓	-	✓

Kulturdimensionen nach Autoren geordnet (Quelle: Özbek-Potthoff 2013, 22f)

Hofstedes Dimensionen bildeten auch den Ausgangspunkt für das GLOBE-Projekt (die Abkürzung steht für: *Global Leadership and Organizational Behavior Effectiveness*), eine der ambitioniertesten kulturvergleichenden Forschungen der letzten Jahre.

Alle GLOBE-Dimensionen zur Unterscheidung von Kulturen wurden mit Blick auf das wirtschaftlich relevante Führungsverhalten von etwa 17.000 Managern aus 951 Organisationen von 62 Ländern entwickelt (House/Javidan 2004, 20).

Sie zeigen, dass sich das Führungsverhalten zwischen den Kulturen deutlich unterscheidet und dass es zugleich kontingent ist (Steers et al. 2012, 480). Das bedeutet, dass kulturelle Unterschiede, die heute bestehen, nicht vor oder in eintausend Jahren bestanden haben oder werden. Kulturen verändern sich und obwohl in Deutschland heute individualistisch gewirtschaftet wird, war das bis in die 1940er Jahre eher nicht der Fall. Damit bestätigt das Ergebnis der GLOBE-Forschung die Richtigkeit des bedeutungsorientierten Kulturbegriffs, den auch Hofstede in seinen Forschungen erfolgreich nutzen konnte.

Für die erfolgreiche Anwendung kultureller Intelligenz spielen die Kulturdimensionen eine wichtige Rolle, denn sie stellen wichtige Einsichten in die kulturellen Eigenarten eines Landes zur Verfügung und sie schärfen das

Verständnis dafür, in welchen Hinsichten sich Kulturen voneinander unterscheiden. Alle neun von GLOBE entwickelten Kulturdimensionen werden deswegen auf den folgenden Seiten vorgestellt. Im Praxisteil unseres Buches werden sie auch wieder eine wichtige Rolle spielen. Drei der von Hofstede eingeführten Dimensionen wurden von den GLOBE-Forschern identisch übernommen, obwohl sie jeweils anders gemessen wurden als bei Hofstede (2001). Sie werden als Erstes vorgestellt:

(1) Machtdistanz

Die Dimension ‚Machtdistanz' gibt an, wie sehr eine Gesellschaft Autorität, Machtdifferenzen und ungleiche Statusprivilegien akzeptiert (Carl/Gupta/Javidan 2004, 513). Der Begriff der Distanz im Namen dieser Dimension resultiert aus der Überlegung, dass eine Autorität dann viel Macht besitzt, wenn sie in ihrem sozialen Status weit über denjenigen steht, die weniger Macht haben als sie. Eine große Schicht der sozialen Mittelklasse in einer Kultur sorgt vor diesem Hintergrund beispielsweise für eine geringere Machtdistanz (Carl/Gupta/Javidan 2004, 525). Neben der Hierarchie zwischen den sozialen Schichten beziehungsweise Milieus (SINUS 2017) in einer Gesellschaft spielt auch die Religion eine wichtige Rolle für die Ausprägung der sozialen Machtdistanz in einer Gesellschaft (Carl/Gupta/Javidan 2004, 518-523).

(2) Unsicherheitsvermeidung

Die Dimension ‚Unsicherheitsvermeidung' bestimmt, wie sehr die Menschen in einer Kultur versuchen, sich an bestehenden Normen, Ritualen und Praktiken zu orientieren, um Unsicherheit zu vermeiden. Die Dimension misst den Grad, in dem Menschen einer bestimmten Kultur Ordnung und Kohärenz suchen und sich Strukturen oder formalen Prozeduren unterwerfen (Sully de Luque/Javidan 2004, 603). In Kulturen mit einer großen Unsicherheitsvermeidung empfinden Menschen ambivalente, nicht eindeutige Situationen tendenziell als eine Bedrohung. In entgegengesetzten Kulturen können Menschen Unsicherheit dagegen leichter tolerieren oder sogar als eine schätzenswerte Freiheit empfinden (Sully de Luque/Javidan 2004, 602). Schon Hofstede hat beobachtet, dass Unsicherheitsvermeidung mit Konzepten wie Neurotizität, Angst und Stress korreliert und die GLOBE-Forscher bestätigen das (Sully de Luque/Javidan 2004, 604).

(3) Zukunftsorientierung

Die Dimension ‚Zukunftsorientierung' misst in etwa das, was Hofstede in seinen Forschungen als Langzeitorientierung bezeichnet. Hofstede hatte sein ursprüngliches Kulturmodell erst in einer späteren Revision um diese Dimension erweitert. Weil sie in seinen Augen spezifisch für die Kultur Chinas und den Einfluss des Konfuzianismus ist, hatte er sie in seiner ersten Forschung noch nicht entdeckt. GLOBE betrachtet die Zukunftsorientierung nicht nur bei Chinesen, sondern bei den Probanden aus allen 62 Untersuchungsländern. Die Dimension gibt den Grad an, in dem Gesellschaften Handlungen fördern, die stark auf die Zukunft ausgerichtet sind (Ashkanasy et al. 2004, 282). Dazu gehören zum Beispiel Planungen, aber auch Belohnungen, die verzögert sind, sich also erst zukünftig auszahlen werden. Die Zukunftsorientierung einer Kultur hängt eng mit ihrem Zeitverständnis zusammen und dieses wurzelt wiederum tief in den tradierten religiösen und philosophischen Überzeugungen einer Gesellschaft (Ashkanasy et al. 2004, 283f).

Neben den ersten drei Dimensionen wurde auch Hofstedes Individualismus-Kollektivismus-Dimension durch die GLOBE-Forscher genutzt. Allerdings wurden sie neu organisiert. Nur die erste der beiden neu geformten Dimensionen korreliert positiv mit Hofstedes Dimension. Die zweite erweitert die bisherige Perspektive auf Kollektive, weil die Forschung gezeigt hatte, dass Individualismus und Kollektivismus einander nicht einfach ausschließen, sondern sich auf komplexe Weise überlappen und so auch zugleich in einer Kultur wichtig sein können (Gelfand et al. 2004, 443):

(4) Institutioneller Kollektivismus

Die Dimension ‚institutioneller Kollektivismus' misst den Grad, in dem institutionelle Praktiken auf der gesellschaftlichen Ebene zum gemeinschaftlichen Handeln einladen. Dabei wurde gefragt, ob die Loyalität zur Gruppe auf Kosten individueller Ziele verfolgt wird, ob das Wirtschaftssystem individuelle oder kollektive Interessen in den Vordergrund stellt und ob die Gesellschaft stärker den Zusammenhalt von Gruppen oder den Individualismus würdigt (Gelfand et al. 2004, 463).

(5) In-Gruppen-Kollektivismus

Die Dimension ‚In-Gruppen-Kollektivismus' erhebt den Grad an Stolz, Loyalität und Unabhängigkeit, die Individuen in und gegenüber ihren Familien zum Ausdruck bringen. Sie fragt aber auch, ob Kinder bei ihren Eltern oder Eltern bei ihren Kindern leben (Gelfand et al. 2004, 463). Auf diese Weise ist es möglich, eine Überlagerung von Individualismus innerhalb der Familie bei gleichzeitigem Kollektivismus innerhalb der Gesellschaft – oder umgekehrt – zu bestimmen. Neben der gesellschaftlichen Ebene wurde die Dimension Individualismus-Kollektivismus auch auf einer organisationalen Ebene erfragt. Dafür wurden dieselben beiden Dimensionen wie für die gesellschaftliche Ebene genutzt, allerdings wurden die Formulierungen der Fragen auf die Situation in Organisationen angepasst.

(6) Leistungsorientierung

Die Dimension ‚Leistungsorientierung' misst, wie sehr eine Gemeinschaft Innovationen, hohe Leistungen und Leistungsverbesserungen würdigt (Javidan 2004, 239). Die Autoren der GLOBE-Studie bedauern, dass diese Dimension bei den bisherigen Kulturvergleichsuntersuchungen nicht berücksichtigt wurde. Ihre theoretische Herleitung der Dimension macht deutlich, dass Leistungsorientierung dazu führt, Ergebnisse für wichtiger zu halten als Menschen. Auch die später noch beschriebene Dimension der Durchsetzungsstärke spielt hierbei kulturell eine Rolle und korreliert teilweise mit der Dimension der Leistungsorientierung (Javidan 2004, 245). In Kulturen mit geringerer Leistungsorientierung werden Loyalität, Gemeinschaftssinn und Integrität besonders geschätzt (Javidan 2004, 245).

(7) Humane Orientierung

Die Dimension ‚humane Orientierung' stellt wie die Dimension der Leistungsorientierung einen neuen Beitrag der GLOBE-Forscher zum globalen Vergleich von Managementkulturen dar und ist nicht aus einer von Hofstedes Dimensionen abgeleitet worden. Allerdings nutzten die GLOBE-Forscher auch hier bestehende kulturwissenschaftliche Forschungen (Leung/Ang 2009, 24). Humane Orientierung wird gemessen durch Fragen nach dem Grad der Sensibilität gegenüber anderen Personen, der allgemeinen Freundlichkeit, der Großzügigkeit sowie der Toleranz gegenüber Fehlern in der Gesellschaft (Kabasakal/Bodur 2004, 571). Eine Kultur ohne humane Orientierung zeichnet sich durch Selbstbezogenheit aus. In ihr wird Handeln durch einen möglichen Machtgewinn motiviert und Ziele wie Lust und Vergnügen spielen eine wichtige Rolle (Kabasakal/Bodur 2004, 570).

Die beiden letzten Dimensionen gehen wieder auf eine Idee von Hofstede zurück, ersetzen die von ihm eingeführte Dimension Maskulinität-Feminität allerdings durch zwei neue Dimensionen, die kaum mit Hofstedes Dimension korrelieren (Hanges/Dickson 2004, 139):

(8) Gender-Gleichheit

Die Dimension ‚Gender-Gleichheit‘ gibt den Grad an, in dem eine Gesellschaft sich über die Nivellierung oder eben die Betonung der Unterschiede zwischen Männern und Frauen definiert (Emrich/Denmark/Den Hartog 2004, 343). Da Hofstede in seiner Dimension die Pole von Maskulinität und Feminität als Träger von spezifischen Eigenschaften verstand hat, kritisieren ihn die GLOBE-Forscher dafür, die Frage der Geschlechtergleichheit mit der Frage vermischt zu haben, ob eine Gesellschaft sich stärker über Durchsetzungsstärke (Maskulinität) oder über Solidarität (Feminität) definiert (Emrich/Denmark/Den Hartog 2004, 344). In der GLOBE-Studie wurden die Teilnehmenden für den Aspekt Gender-Gleichheit dagegen nur danach gefragt, wie sehr die Geschlechter, ihrer Meinung nach, in ihrer Kultur als gleichwertig gelten (Emrich/Denmark/Den Hartog 2004, 359f). Der Aspekt der Maskulinität als Eigenschaft wurde in eine eigenständige, abschließende genannte Dimension überführt.

(9) Durchsetzungsstärke

Die Dimension ‚Durchsetzungsstärke' gibt die Eigenschaft an, die Hofstede mit Maskulinität verband. Sie wird in der GLOBE-Studie gesondert erhoben. Durchsetzungsstärke schließt Aggressivität, Dominanz und Härte als anerkannte oder sozial gewünschte Eigenschaften ein. Die Dimension misst, in welchem Ausmaß Durchsetzungsstärke oder eben ihr Gegenteil, also Weichheit und die Abwesenheit von Aggression, für das Verhalten von Menschen in der Kultur bestimmend sind (Den Hartog 2004, 395). Mit einem höheren Grad an Durchsetzungsstärke wird eine Kultur eher durch Wettbewerb, Stärke und direkte Kommunikation bestimmt, während in einer Kultur mit einem niedrigeren Grad an Durchsetzungsstärke eher Kooperation, menschliche Beziehungen und subtilere Formen der Kommunikation geschätzt werden (Den Hartog 2004, 405).

Leistungen und Grenzen der GLOBE-Studie

Eine Besonderheit der GLOBE-Studie gegenüber den bis dahin durchgeführten Kulturvergleichen besteht darin, dass die teilnehmenden Manager sowohl zu den in der Gesellschaft beziehungsweise ihren Organisationen herrschenden Praktiken als auch zu dem Ideal gefragt wurden, dem die Gesellschaft beziehungsweise Organisation in ihren Augen entsprechen sollte. Die Macher der Studie wollten damit einerseits die gesellschaftliche Wirklichkeit und andererseits das normative Idealbild ermitteln, das innerhalb einer Kultur wirksam ist. Die empirische Erhebung der gesellschaftlichen Wirklichkeit gilt allerdings in den Augen einiger Forscher als Misslungen (Hofstede 2006; Hofstede 2010, 1343; Özbeck-Potthoff 2013, 26; Kumbruck/Derboven 2015, 28). Der Vorwurf lautet, dass die Studie nicht die tatsächlichen gesellschaftlichen Normen, sondern die sozialen Erwartungseinstellungen ermittelt hat, von denen die Teilnehmer glaubten, sie zeigen zu müssen. Das dahinter liegende Problem lässt sich am besten so auf den Punkt bringen, dass Manager keine guten Gesellschaftswissenschaftler sind. Da sie aber gefragt wurden, wie sich die Menschen in ihrer Gesellschaft gemeinhin verhalten, wurde von ihnen genau diese Expertise verlangt, die sie eigentlich gar nicht haben konnten. Die Lösung hätte vermutlich darin bestanden zu fragen, wie sie sich selbst verhalten. Da das aber versäumt wurde, spiegeln ihre Antworten auf die

Frage nach den tatsächlichen gesellschaftlichen Praktiken nun häufig nur das Verhalten wider, von dem sie glaubten, dass es in ihrer Gesellschaft gewünscht würde.

Macht dieser Einwand die Daten der GLOBE-Studie nutzlos? Keinesfalls, denn zunächst gehört Kritik in der Wissenschaft zum alltäglichen Geschäft und auch gegen Hofstedes Forschungen wurden immer wieder Kritik und Einwände laut. Trotz der Kritik an den Messskalen der GLOBE-Studie sprechen die Ergebnisse allerdings für sich. Sie sind zwar nicht identisch mit den Ergebnissen von Hofstede, aber sie bestätigen das, was Hofstede und zahlreiche andere kulturvergleichende Studien herausgefunden haben. Und sie machen das auf einer präzedenzlosen Datenbasis. Die Daten der GLOBE-Studie sind in einem Umfang erhoben wurden, der sie besonders macht:

- Sie sind durch die Befragung von Managern entstanden und damit zugeschnitten auf das Feld des interkulturellen Managements.
- Die Manager entstammen der mittleren Managementebene regionaler Unternehmen, die sich in ihren Ländern wirklich auskennen, und nicht der Schicht globaler Leader aus multinationalen Konzernen.
- Die Daten sind bis in die 2000er Jahre hinein erhoben worden und damit die aktuellsten unter allen

kulturvergleichenden Forschungen der letzten Jahrzehnte.

- In der GLOBE-Studie wurden die Daten nicht nur erhoben, sondern auch theoretisch hergeleitet und mit den Daten anderer Forschungen (Kluckhohn 1951, Triandis 1972, Hofstede 1980, Schwartz 1992, Trompenaars 1993, Schwartz 1994) sowie Erhebungen (Inglehart/Basanez/Moreno 1998) verglichen.
- Korrelationen zwischen den einzelnen Dimensionen wurden ermittelt, sodass beispielsweise gezeigt werden konnte, dass Kulturen mit Leistungsorientierung religiös vielfältig sind und Kreativität wertschätzen.
- Die untersuchten Länder wurden klimatischen Clustern zugeordnet, sodass deutlich wird, welche Einstellungen in welchen Klimazonen eher vorherrschen.
- Die GLOBE-Forscher ordneten ihre Ergebnisse sechs Theorien impliziter Führung zu und konnten so zeigen, welcher Führungsstil den kulturellen Eigenschaften jedes einzelnen Landes besonders angemessen ist.

Im deutschen Sprachraum ist es bis heute nicht selbstverständlich, die Ergebnisse der GLOBE-Studie zu nutzen. Häufig wird noch immer Hofstedes Forschungen der Vorzug gegeben. Die gezeigten Stärken von GLOBE sollten deutlich gemacht haben, dass es für diese Zurückhaltung keinen Grund gibt. Wie fruchtbar die GLOBE-Ergebnisse sind, wird im Praxisteil unseres Buches deutlich. Dort werden die von der GLOBE-Studie wissenschaftlich nachgewiesenen kulturellen Unterschiede zwischen den Managementkulturen auf der ganzen Welt für viele Beispiele genutzt. Alle neun GLOBE-Dimensionen zur Unterscheidung von Kulturen werden dabei wiederkehren.

Für den Moment erfüllt die Erläuterung kultureller Unterschiede den Zweck, einen Einblick in diejenigen Merkmale zu geben, die von kulturell intelligenten Menschen verstanden und beherrscht werden müssen. Damit ist zugleich gezeigt, was die Besonderheiten von Kulturen aus der Perspektive des interkulturellen Managements ausmacht. Freilich sind damit auch unglaublich viele andere Aspekte von Kulturen nicht angesprochen worden. Aber sie müssen für eine kulturvergleichende Studie zum interkulturellen Management auch nicht interessieren, solange daran gedacht wird, dass der analysierte Kulturbegriff funktional auf die Führung von Unternehmen und den Umgang mit Mitarbeitern und Stakeholdern ausgerichtet ist. Einen derartigen Kulturbegriff zu entwickeln, war das Ziel des vorliegenden Kapitels und damit geht es im nächsten Schritt jetzt daran, das Konzept der kulturellen Intelligenz vorzustellen, nämlich derjenigen Intelligenz, die in der Lage ist, in einer interkulturellen Umgebung erfolgreich zu handeln.

Kulturelle Intelligenz ist umfassender

… als generelle, soziale und emotionale Intelligenz

Kulturelle Intelligenz basiert auf der Idee, dass es mehr als die kognitive Dimension der Intelligenz gibt, die durch den *g*-Faktor der generellen Intelligenz ausgedrückt wird. In Kapitel 2.1 haben wir gezeigt, dass das Konzept der generellen Intelligenz beschränkt ist. Das statistisch überzeugende, aber inhaltlich weitgehend unklare Konzept der analytisch-kognitiven Intelligenz muss deswegen um Formen der praktischen und der kreativen Intelligenz ergänzt werden.

Generelle Intelligenz
+ Praktische Intelligenz
+ Kreative Intelligenz
Kulturelle Intelligenz

Auf diese Weise entsteht ein mehrdimensionales Modell von Intelligenz, das neben der Fähigkeit des logischen Schließens auch Formen impliziten Wissens und die

Kompetenz, eigenständig Probleme zu lösen, umfasst. Gerade die beiden zuletzt genannten Dimensionen sind wichtig, wenn ermessen werden soll, ob ein Mensch in der Lage ist, mit anderen Kulturen zurecht zu kommen. Denn genau in diesen Momenten muss er kreativ mit neuen Situationen umgehen können. Erfolgreich wird darin nur derjenige sein, der in der Lage ist zu erkennen, welche Reaktionen das eigene Verhalten bei Menschen aus anderen Kulturen auslöst, und der die Fähigkeit besitzt, sein Verhalten so anzupassen, dass die kulturell fremden Interaktionspartner verstehen können, was gemeint ist. Neben dem selbstreflexiven Umgang mit anderen bedarf es dafür auch des Wissens um die kulturellen Eigenarten der anderen Kultur. Die Dimensionen, in denen sich Kulturen unterscheiden, wurden in Kapitel 2.2 vorgestellt und sie geben eine Idee von dem komplexen Verständnis, das kulturell intelligente Menschen von anderen Kulturen haben sollten.

Die Wunschliste der Eigenschaften, die kulturell intelligente Menschen besitzen sollten, ist damit schon ziemlich umfangreich geworden. Im Folgenden geht es darum, zunächst zu zeigen, dass diese lange Liste an Fähigkeiten tatsächlich in ein einheitliches Intelligenzkonzept integriert werden kann. Im Anschluss daran soll erläutert werden, welche Erkenntnisse bereits über die Verankerung kultureller Intelligenz in der Persönlichkeitspsychologie vorliegen und welche nachweisbaren Effekte ein hoher CQ auf das Verhalten von Menschen hat. Im dritten Schritt geht es schließlich darum zu zeigen, wie kulturelle Intelligenz gemessen und trainiert werden kann. Dass es überhaupt möglich ist, kulturelle Intelligenz zu trainieren, wird allerdings schon im Folgenden deutlich, wo den Wurzeln der kulturellen Intelligenz im Konzept der sozialen Intelligenz nachgegangen wird.

Kulturelle Intelligenz schließt soziale und emotionale Intelligenz ein

Sternbergs triarchisches Modell der Intelligenz, auf dessen Grundlage die Entdecker der kulturellen Intelligenz ihr Modell entwickelt haben, ist nicht der erste Versuch, soziale Fähigkeiten und Problemlösungskompetenzen als einen Bestandteil von Intelligenz zu begreifen.

Soziale Intelligenz

Bereits in den 1920er Jahren stellte E. L. Thorndike erste Überlegungen dazu an. Er entwickelte ein Intelligenzkonzept, das abstrakte, mechanische und soziale Fähigkeiten umfasste (Kihlstrom/Cantor 2000, 359). Bereits damals zeigte sich jedoch, dass soziale Intelligenz schwerer zu messen ist als der *g*-Faktor der generellen Intelligenz (Kihlstrom/Cantor 2000, 359f). Dennoch existieren Erhebungsinstrumente wie das *Social Competence Questionaire*, die in der Lage sind zu bestimmen, ob ein

Mensch als sozial intelligent gelten kann (Kihlstrom/Cantor 2000, 359). Erhoben werden die Daten dieses Messinstruments durch einen Selbsttest, in dem die Probanden angeben müssen, wie sehr ihr eigenes soziales Verhalten durch bestimmte Eigenschaften geprägt ist (Kihlstrom/Cantor 2000, 367).

Diese Art der Messung ist natürlich nur dann erfolgreich, wenn ein Proband offen und ehrlich über seine Fähigkeiten und sein Verhalten Auskunft gibt. Sobald das der Fall ist, lassen sich belastbare Aussagen treffen. Dennoch ist auch hier Vorsicht geboten: Soziale Interaktionen sind extrem komplex. Durch einfache Testfragen lässt sich das nicht immer abbilden. Bereits die Antwort auf die schlichte Frage, ob man einer fremden Person bei der Begrüßung die Hand reicht, hängt beispielsweise davon ab, welchen sozialen Status die fremde, welchen Status die eigene Person besitzt und in welchem sozialen Kontext sich jemand bewegt. So wird das persönliche Verhalten gegenüber Fremden in einem hierarchisch organisierten Unternehmen abweichen von dem Verhalten gegenüber Fremden in der flachen Hierarchie einer Projektgruppe, im Militär, in der Universität, in der Straßenbahn und so weiter (Kihlstrom/Cantor 2000, 368).

Trotz aller Forschungen ist es deswegen noch nicht gelungen, ein Messinstrument zu entwickeln, dass in der Lage ist, soziale Intelligenz in derart komplexen

Zusammenhängen zu messen (Kihlstrom/Cantor 2000, 368, Kang/Day/Meara 2006, 106).

Der Grund mag darin liegen, dass unüberschaubar viele Faktoren zusammenspielen, um soziales Handeln zum Erfolg zu führen: Neben den Kontextbedingungen der sozialen Situation sind das unter anderem auch die sozialen Hintergründe der handelnden Personen, ihre Persönlichkeiten, aber auch ihr Wissen um soziale Interaktionen und die Erfahrungen, die sie bereits in sozialen Interaktionen gewonnen haben.

Diese Komplexität an Einflussfaktoren in kontrollierbare und operationalisierbare Variablen zu überführen, die dann durch empirische Tests untersucht werden könnten, ist so anspruchsvoll, dass das noch niemandem gelungen ist. Einige Intelligenzforscher haben daraus den Schluss gezogen, dass es deswegen besser ist, sich mit einem kleineren Ausschnitt von sozialem Handeln zu beschäftigen. Die Wahl fiel unter anderem auf den Bereich der Emotionen und führte zur Begründung des Konzepts der emotionalen Intelligenz.

Emotionale Intelligenz

Emotionale Intelligenz ist eine Form der sozialen Intelligenz, denn das Einfühlungsvermögen in die Perspektiven anderer sowie die Fähigkeit, die eigenen Gefühle, ihre Wirkung und die Gefühle anderer reflektieren zu können, sind nicht nur das Markenzeichen von emotionaler Intelligenz, sondern spielen auch im Konzept der sozialen Intelligenz eine wichtige Rolle (Weis/Seidel/Süß 2006, 227). Für die Messung emotionaler Intelligenz wurden ähnlich wie für die Messung der sozialen Intelligenz Selbstberichtstests entwickelt, das heißt, das Testpersonen auf die Fragen nach ihren Fähigkeiten nach bestem Wissen angeben, über welche der genannten Fähigkeiten sie in welchem Umfang zu verfügen glauben. Selbstberichte ermöglichen es recht gut, Persönlichkeitseigenschaften zu erheben.

Es wurden für das Messen emotionaler Intelligenz aber auch Tests in Anlehnung an die klassischen Intelligenztest mit leistungsbasierten Skalen erarbeitet, in denen die Antworten richtig oder falsch sind und die im Vergleich zu Selbstberichten als verlässlicher gelten (Kang/Day/Meara 2006, 107). Sie konzentrieren sich allerdings zumeist nur auf einen einzigen Aspekt emotionaler Intelligenz, etwa die Fähigkeit, die Emotionen anderer Menschen wahrnehmen zu können. Damit wird das Problem der Überkomplexität, das die Messung der sozialen Intelligenz so schwierig gemacht hatte, zwar vermieden, jedoch ist im Gegenzug die Aussagekraft der Fähigkeit, Gefühle zu erkennen aber auch denkbar gering, wenn eigentlich ermittelt werden soll, ob ein Mensch über emotionale Gewandtheit und soziale Zurechnungsfähigkeit verfügt. Das ist ein großer Nachteil gegenüber einem umfassenderen Selbstbericht. Nicht zuletzt ist es praktisch unmöglich, ein und denselben leistungsbasierten Test in kulturell verschiedenartigen Ländern zu nutzen, denn der Umgang mit Gefühlen und ihre Kommunikation gegenüber anderen Menschen unterscheiden sich kulturell massiv voneinander (Austin/Saklofske 2006, 120). Auch hier spricht vieles dafür, die Probanden selbstständig ihre Fähigkeiten berichten zu lassen.

Kulturelle Intelligenz

Das Konzept der kulturellen Intelligenz setzt an genau dieser Stelle an: Es nimmt die Idee der sozialen Intelligenz ernst, dass Intelligenz ein mehrdimensionales Phänomen ist. Zugleich vermeidet es den Nachteil der sozialen Intelligenz, kaum messbar zu sein, indem es den Weg der emotionalen Intelligenz einschlägt, also nur einen eingeschränkten Bereich sozialer Interaktion beschreibt und misst. Allerdings beschäftigt sich die kulturelle Intelligenz natürlich nicht vorrangig mit Emotionen, sondern mit der Wahrnehmung kultureller Unterschiede.

Kulturelle Intelligenz für Business-Erfolg

Christopher Earley und Soon Ang sind die Eltern des heute am besten erforschten Konzepts der kulturellen Intelligenz. Von Beginn an haben sie Wert darauf gelegt, dass sich ihr Konzept nicht nur auf die theoretischen

Grundlagen der bisherigen Forschung stützt, sondern dass seine Anwendung auch messbar ist. Unter den zahlreichen Messinstrumenten, die bislang für die Ermittlung kultureller Intelligenz erstellt wurden (Matsumoto/Hwang 2013), gelten sie noch immer als die Einzigen, denen es auch tatsächlich gelungen ist, valide Messergebnisse zu erzielen (Alon et al. 2016, 80). Ihr Konzept der kulturellen Intelligenz steht deswegen in diesem Buch im Mittelpunkt.

Seit seiner erstmaligen Präsentation in der umfangreichen Monografie von Earley/Ang (2003) hat sich das Konzept aufgrund von Einwänden und neuen Forschungserkenntnissen etwas gewandelt. Das lag auch daran, dass sich Christopher Earley später einem leicht veränderten Ansatz der kulturellen Intelligenz zugewandt hat (Earley/Peterson 2004; Ng/Earley 2006) und die verbliebene Forschergruppe um Soon Ang durch neue Mitstreiter erweitert wurde. Das vorliegende Buch stützt sich auf die jüngsten Veröffentlichungen der Forscher um Ang, von denen die meisten an der Nanyang Business School der Nanyang Technological University in Singapur lehren oder gelehrt haben.

Die Definition, die die Forscher der kulturellen Intelligenz geben, ist denkbar schlicht. Sie verstehen darunter die Fähigkeit, effektiv in interkulturellen Kontexten zu funktionieren (Ang/Van Dyne/Rockstuhl 2015, 274).

Was aber heißt das? Jeder der drei Bestandteile der Definition muss richtig verstanden werden, damit ein klares Bild davon entsteht, was kulturelle Intelligenz ist – und was nicht. Zunächst soll deshalb erläutert werden, was mit (1.) ‚funktionieren' gemeint ist, dann werden die (2.) ‚interkulturellen Kontexte' erläutert und schließlich wird geklärt, inwiefern kulturelle Intelligenz eine (3.) ‚Fähigkeit' bildet.

(1) Funktion

Das Konzept der kulturellen Intelligenz der Gruppe um Soon Ang wurde mit Blick auf das interkulturelle Management entwickelt. Ausgangspunkt ihrer Forschungen ist die Erkenntnis, dass viele Auslandsentsendungen von Unternehmen nicht erfolgreich sind und ein erfolgreicher Auslandsaufenthalt in einem Land alles andere als eine Garantie dafür ist, dass der Aufenthalt in einem anderen Land ebenfalls erfolgreich verlaufen wird (Ng/Van Dyne/Ang 2009, 98). So kommen Führungskräfte, die ins Ausland entsendet werden, mit ihren Mitarbeitern und deren Eigenarten nicht zurecht, verzweifeln an den kulturellen Besonderheiten ihres Gastlandes oder bemerken, dass der langfristige Aufenthalt im Ausland zu anstrengend für sie oder ihre Familien ist. Das Konzept der kulturellen Intelligenz will genau hier ansetzen, um Unternehmen und angehenden Expatriates eine Evaluation ihrer Fähigkeiten und Einstellungen zu ermöglichen, die

Voraussetzung für eine erfolgreiche Auslandsentsendung sind. Die Ambitionen des Konzepts enden aber nicht an dieser Stelle, denn dann hätten die Forscher, anstatt von „funktionieren“ zu sprechen, auch sagen können, dass sie den beruflichen Erfolg von ins Ausland entsendeten Führungskräften vorhersagen wollten. Die stattdessen gewählte offene Formulierung macht deutlich, dass die Forscher eine generelle Fähigkeit nachweisen wollen, die nicht nur im interkulturellen Management, sondern überall vonnöten ist, wo Menschen mit kulturellen Eigenarten in Kontakt kommen, die ihnen fremd sind.

(2) Interkulturelle Kontexte

Wir haben bereits die kulturellen Dimensionen der GLOBE-Studie vorgestellt. Sie orientierten sich an nationalen Grenzen. Für diese Identifikation von Kulturen mit Staaten wurden die GLOBE-Forscher ebenso kritisiert wie Hofstede, der dieselbe Entscheidung bereits zwanzig Jahre zuvor getroffen hatte. Und tatsächlich darf es nichts anderes als eine methodische Verlegenheitslösung sein, wenn die vergleichende Managementforschung Kulturen mit Staaten in eins setzt. Für ein Konzept kultureller Intelligenz ist das keine Option. Kultur ist bei Ang et al. deswegen kein anderes Wort für Nation.

Kulturen können an Landesgrenzen enden, aber sie können Landesgrenzen auch überschreiten. Zugleich kann es große Kulturunterschiede innerhalb von Staaten geben.

Das machen mehrsprachige Länder wie Belgien, Indien oder Südafrika ebenso deutlich wie multiethnische Länder, zu denen beispielsweise Russland, Ruanda und Indonesien gehören. Auch multireligiöse Staaten wie die USA, Deutschland oder China umfassen verschiedene Kulturen innerhalb ihrer Staatsgrenzen. Interkulturelle Kontexte existieren damit überall in Situationen, in denen sich Menschen mit verschiedenen kulturellen Hintergründen begegnen – unabhängig von ihrer Staatsangehörigkeit. Welche Aspekte beziehungsweise Dimensionen als Kultur gelten können, darauf geben Forschungen wie die GLOBE-Studie eine wirtschaftspsychologische Antwort, die auch von den Forschern um Ang et al. akzeptiert und genutzt wird.

(3) Fähigkeit

Die Frage, welche Art von Fähigkeit als eine kulturelle Intelligenz bezeichnet werden kann, führt zurück zu einer Grundfrage, die die Intelligenzforschung seit jeher bewegt: Handelt es sich bei Intelligenz um eine Eigenschaft der Persönlichkeit, die ein Leben lang gleich bleibt und unabhängig von der jeweiligen Situation nutzbar ist oder sollte sie besser als eine Leistungsfähigkeit beschrieben werden, deren Höhe abhängig ist vom emotionalen Zustand der handelnden Person (aufgeregt, entspannt), von ihrem Wissen (hat dieselbe Person eine ähnliche Leistung bereits in der Vergangenheit erbracht) und von den Kontextbedingungen der Situation (mit einer chinesischen Restaurantbedienung zu sprechen wird sich stark von dem Gespräch mit der chinesischen Führungskraft unterscheiden) (Ang/Van Dyne/Koh 2006, 102)? Kulturelle Intelligenz als eine Persönlichkeitseigenschaft nachzuweisen, böte den Vorteil einer hohen Messvalidität, sodass die Aussagen eine große Objektivität beanspruchen könnten. Ihr Nachteil besteht darin, nur indirekt über die tatsächliche Leistungsfähigkeit einer Person Auskunft geben können, denn Intelligenz zu besitzen, bedeutet keineswegs zwingend, sie auch erfolgreich einsetzen zu können. Wird kulturelle Intelligenz im Gegensatz dazu als ein Zustand beziehungsweise als eine Leistungsfähigkeit erhoben, dann kann man sich des momentanen Leistungsstandes zwar gewiss sein, es besteht aber die Möglichkeit, dass die untersuchte Person nur einen guten Tag hatte und ansonsten kaum die Anforderungen erfüllt. Die Forscher um Ang haben sich dennoch dafür entschieden, kulturell Intelligenz als Leistungsfähigkeit und Zustand zu konzipieren. Allerdings ist es ihnen gelungen nachzuweisen, dass bestimmte Ergebnisse in ihrem Test kultureller Intelligenz mit bestimmten Persönlichkeitseigenschaften korrelieren, sodass sie dank der Stabilität ihres Intelligenzkonzepts in der Lage sind, eine Brücke zwischen beiden Ansätzen der Intelligenzforschung zu schlagen.

Kulturell intelligente Menschen sind effektiv

Kulturell intelligent ist derjenige, der effektiv in interkulturellen Kontexten funktioniert. Aber welche Eigenschaften sind es, die Personen effektiv funktionieren lassen? Das Konzept von Ang et al. unterscheidet vier Arten von Eigenschaften, die gemeinsam kulturelle Intelligenz hervorrufen. Diese vier Eigenschaftsgruppen umfassen (1) kognitive, (2) metakognitive, (3) motivationale und (4) verhaltensbezogene Eigenschaften. Sie schließen an das mehrdimensionale Intelligenz-Modell von Sternberg an, das in Kapitel 2.1.4 erläutert wurde. Die generische Intelligenz, die als *g*-Faktor erhoben wird, spielt in diesem Konzept keine Rolle – nicht einmal in der kognitiven Dimension.

(1) Kognitive Eigenschaften

Die kognitive Dimension umfasst das Wissen über kulturelle Besonderheiten. Dazu werden insbesondere das Wissen um das Rechts- und Wirtschaftssystem des fremden Landes gezählt und die Fähigkeit, die Landessprache zu sprechen. Auch die kulturellen und religiösen Werte und Überzeugungen der anderen Kultur, ihre Kunstwerke, ihre Heiratsregeln und ihre Körpersprache sind wichtig (Ang et al. 2007, 366). Alle genannten Inhalte können gelernt und dann kognitiv abgerufen werden. Im Zuge der Entdeckung kultureller Intelligenz hat sich gezeigt, dass die genannten Kenntnisse besonders wichtig sind, um im Ausland erfolgreich handeln zu können. Tatsächlich stehen sie auch schon seit vielen Jahren im Mittelpunkt interkultureller Trainings (Kumbruck/Derboven 2015). Ihre kulturelle Intelligenz misst sich aber nicht nur am akkumulierten Wissen der Expatriates. Denn dann wären wir mit ein bisschen Fleiß alle gleich intelligent und das würde der Idee von Intelligenz widersprechen. Denn ihr gelingt es ja gerade, vorab ermitteln zu können, ob Menschen in interkulturellen Kontexten erfolgreich handeln werden. Aber dafür reicht es selbstverständlich nicht aus, um die Regeln in anderen Ländern zu wissen. Schließlich gibt es viel zu viele Regeln, als dass sich alle vorab lernen ließen. Entscheidend für den Erfolg einer Auslandsentsendung ist es deswegen, aus dem kulturell fremden Verhalten anderer lernen zu können. Diese Fähigkeit wird von der zweiten Dimension gefasst.

(2) Metakognitive Eigenschaften

Metakognitive Eigenschaften bestehen darin, dass eigene Wissen sozusagen managen zu können. Mithilfe von Metakognition können die eigenen Fähigkeiten und das eigene Wissen überblickt werden. Dadurch lässt sich verstehen, wann Neues gelernt werden muss und wann die eigenen Kenntnisse bereits ausreichen, um interkulturelle Situationen zu meistern. Für die Beherrschung der Komplexität in neuen und nicht selten überraschenden sozialen Interaktionen sind metakognitive Fähigkeiten unabdingbar. Es lässt sich sogar vermuten, dass metakognitive Eigenschaften den wichtigsten Bestandteil kultureller Intelligenz ausmachen (Ang et al. 2007, 366). Der Grund besteht darin, dass Metakognition mit Sensibilität, Selbstreflexivität und Einfühlungsvermögen einhergeht. Ohne diese Eigenschaften ist es nicht möglich, sich sicher und erfolgreich in unbekannten Situationen und Kulturen zu bewegen. In anderen Konzepten von kultureller Intelligenz als dem von Ang et al. wird deswegen auch Aufmerksamkeit (*mindfulness*) als die herausragende Eigenschaft kulturell intelligenter Menschen angesehen (Thomas/Inkson 2003).

Menschen, die gute metakognitive Kompetenzen besitzen, sind sich über ihr interkulturelles Wissen bewusst, setzen es gezielt ein und sind bereit, in interkulturellen Situationen ständig dazuzulernen. Zugleich wissen sie um ihre eigenen kulturellen Vorurteile. Dieser Aspekt dürfte kulturell intelligente Menschen besonders stark von den Menschen unterscheiden, die über weniger interkulturelles Talent verfügen. Denn die eigenen Vorurteile sind häufig so tief im Weltbild verankert, dass es nicht möglich ist zu entscheiden, ob eine bestimmte Eigenschaft allen Menschen eigen ist (universell), nur einem persönlich (individuell) oder ob es sich um eine kulturelle Eigenart handelt, die man im Umgang mit Menschen aus anderen Kulturen zurückstellen sollte (Baghat 2006, 489).

(3) Motivationale Eigenschaften

Die kulturellen Besonderheiten von sich und anderen zu erkennen, führt allerdings noch nicht dazu, dass sie auch wirklich keine Rolle im eigenen Handeln spielen. Dafür bedarf es auch des Willens und der Bereitschaft, sich nicht nur auf vertraute Verhaltensmuster und Erwartungen zu stützen, sondern sich neuen Situationen aufmerksam und erwartungsoffen auszusetzen. Diese im Rahmen der kulturellen Intelligenz als motivational bezeichnete Gruppe an Eigenschaften umfasst die Bereitschaft und die Freunde daran, sich mit fremden kulturellen Kontexten auseinanderzusetzen. Expatriates können noch so informiert (kognitiv) und sensibel (metakognitiv) sein, wenn es um fremde Kulturen geht: Ohne die Lust, sich einer fremden Kultur auszusetzen und dafür das bislang vertraute berufliche und private Umfeld zu verlassen, wird die Auslandsentsendung nicht erfolgreich sein. Neben dem Willen und der Freude spielt aber auch das Selbstvertrauen eine wichtige Rolle, sich die fremde Kultur quasi zuzutrauen. Das geht nicht zuletzt auch damit einher, den Stress aushalten zu wollen und zu können, den die Arbeit und das Leben in einer fremden Kultur früher oder später hervorrufen (Ang et al. 2007, 366).

(4) Verhaltenseigenschaften

Ob die Fremdheitserfahrung als stressig empfunden wird, hängt stark davon ab, ob die angehenden Expatriates in der Lage sind, ihr Verhalten entsprechend zu verändern. Die Kommunikation steht dabei im Mittelpunkt. Sie umfasst sowohl das verbale als auch das körpersprachliche Verhalten sowie die Mimik (Ang et al. 2007, 366). Damit es zu keinen ungewollten Reaktionen kommt, muss die eigene Kommunikation in der Fremde am besten zunächst verlangsamt werden, um die Zeit erhalten, das eigenen Verhalten und die Reaktionen der anderen darauf überhaupt reflektieren zu können (Metakognition). Strategien, das eigene Verhalten zu verlangsamen und so auch durch die Kommunikationspartner verstanden zu werden, kann und muss erlernt werden. Denn es darf niemals vergessen werden, dass nicht nur Expatriates, sondern auch die ihnen gegenüberstehenden Menschen eine interkulturelle Erfahrung machen, die für sie stressig, unangenehm oder überfordernd sein kann. Das eigene Verhalten zu verlangsamen, um es so reflexiver praktizieren zu können, kommt damit auch den Interaktionspartnern vor Ort zu Gute und mindert auf diese Weise auch die Gefahr, dass es für einen der Beteiligten zu unangenehmen Situationen kommt.

Die Leistungen kultureller Intelligenz

> Kulturelle Intelligenz lässt sich als die Fähigkeit eines Menschen verstehen, in kulturell vielfältigen Situationen die bedeutsamen kulturellen Aspekte zu erkennen, zu durchdringen und ihnen gemäß zu handeln (Van Dyne et al. 2012, 297).

Kulturelle Intelligenz beeinflusst also stark die Handlungsmöglichkeiten und den Handlungserfolg einer Person. Durch umfangreiche empirische Erhebungen konnte tatsächlich gezeigt werden, dass kulturell intelligent zu sein, statistisch signifikant mit anderen Fähigkeiten korreliert. Einige der Forschungserkenntnisse, die kulturelle Intelligenz als Moderator, Mediator oder Prädiktor getestet haben, sollen in diesem Unterkapitel vorgestellt werden, um deutlich zu machen, warum es sich lohnt, kulturell intelligent zu sein. Dazu zunächst eine kurze Erläuterung zu den wissenschaftlichen Hintergründen.

Eine Wirkung als Moderator liegt dann vor, wenn der Grad an kultureller Intelligenz den Zusammenhang von zwei anderen Variablen beeinflusst. Als Beispiel kann dienen, dass kulturelle Intelligenz den Zusammenhang zwischen einem visionären beziehungsweise transformationalen Führungsstil und dem Grad der Innovation in einem Unternehmen verstärkt (Elenkov/Manev 2009).

Je kulturell intelligenter die transformationalen Führungskräfte, umso besser können sie zu Innovationen in ihrem Unternehmen beitragen.

Um einen Mediator handelt es sich bei kultureller Intelligenz dann, wenn sie den Zusammenhang zwischen zwei anderen Variablen nicht nur beeinflusst, sondern überhaupt erst herstellt beziehungsweise vermittelt. Statistisch liegt hier eine andere Form der Abhängigkeit vor als bei der Moderation, weil ein Mediator nicht nur mit dem Zusammenhang zweier Variablen interagiert, sondern einzeln mit beiden Variablen. Für den Nachweis einer statistischen Mediation sind deswegen auch mehrere Regressionsanalysen notwendig, die nur gemeinsam begründen können, dass zwei Variablen in einem durch einen Mediator vermittelten Zusammenhang stehen. Zur Veranschaulichung sei ein weiteres Beispiel aus dem Feld der Führungstheorien genannt, wo nachgewiesen werden konnte, dass kulturelle Intelligenz als Mediator zwischen der Wahrnehmung von Führungsstilen auf der einen Seite und der eigenen Kultur sowie der Kultur des Gastlandes auf der anderen Seite wirksam ist (Ng/Van Dyne/Ang 2012, 43).

Der Nachweis von Korrelationen zwischen dem Grad an kultureller Intelligenz und anderen Variablen darf allerdings nicht überschätzt werden. In den Augen von Statistikern liegen Korrelationen bereits dann vor, wenn fünf oder weniger Prozent der Varianz einer Variablen durch eine andere Variable erklärt werden können. 95 Prozent des Einflusses auf die Höhe der abhängigen Variable werden dann durch unbekannte Faktoren hervorgerufen. Aber das stört die Statistiker nicht, denn der Nachweis einer signifikanten Abhängigkeit von zwei oder drei Variablen bildet bereits bei einem Umfang von fünf Prozent eine wichtige Erkenntnis (Ang/Van Dyne/Rockstuhl 2015, 286). Neben der komplexen Wirkung kultureller Intelligenz als Moderator- und Mediator konnte selbstverständlich auch gezeigt werden, dass kulturelle Intelligenz als Prädiktor fungiert, sich also eine bestimmte unmittelbare Wirkung kultureller Intelligenz auf eine andere Variable vorhersagen lässt. In diesem Fall wird von Korrelationen gesprochen.

So ergab die Messung der Korrelation zwischen kultureller Intelligenz und der tatsächlichen Auslandserfahrung, dass kulturelle Intelligenz emotionale Erschöpfung (Tay/Westman/Chia 2008), die Wahrscheinlichkeit eines Kulturschocks (Chen/Lin/Sawangpattanakul 2011) und die Absicht, den Job zu wechseln (Huff 2013) verminderte.

Mit Blick auf die Führungsqualitäten konnte gezeigt werden, dass kulturelle Intelligenz die Ergebnisse verbessert (Groves/Feyerherm 2011) und dass sich kulturell intelligente Menschen in multikulturellen Teams eher als Führerfigur etablieren. Kulturelle Intelligenz ist für den persönlichen und wirtschaftlichen Erfolg von Auslandsentsendungen nachweislich wirksamer als andere Faktoren wie etwa internationale Erfahrung, Sprachkenntnisse, Persönlichkeitseigenschaften, Zielstrebigkeit, emotionale Intelligenz oder generelle Intelligenz (Ang/Van Dyne/ Rockstuhl 2015, 287). Menschen mit kultureller Intelligenz entwickeln darüber hinaus schneller und besser Vertrauen in Menschen aus anderen Kulturen (Rockstuhl/Ng 2008). Das Vertrauen, dass sie Menschen aus ihrer eigenen Kultur entgegenbrachten, wurde durch den Grad der bei ihnen nachgewiesenen kulturellen Intelligenz jedoch nicht beeinflusst. Ähnliches zeigte sich auch bei der Untersuchung der Verkaufsergebnisse von Maklern:

> Immobilienmakler mit einem hohen Grad an kultureller Intelligenz wiesen mehr Verkäufe an Menschen aus anderen Kulturen auf, ohne dass sie dabei zugleich auch eine insgesamt höhere Zahl an Vertragsabschlüssen aufwiesen.

Kulturelle Intelligenz verbesserte damit offensichtlich wirklich nur die interkulturelle Verkaufskompetenz der Makler und machte sie nicht zu insgesamt erfolgreicheren Verkäufern (Chen/Portnoy 2012). Diese Beobachtung zu machen, war wichtig, weil es sich beim Konzept der kulturellen Intelligenz ansonsten womöglich um ein

Konzept zur Messung der allgemeinen Fähigkeit zur sozialen Interaktion gehandelt hätte, was dem Erklärungsziel des Konzepts widersprochen hätte (Ng/Van Dyne/Ang 2012, 37).

Einen mediierenden Einfluss der kulturellen Intelligenz konnte auf die Wirksamkeit der Persönlichkeit und der beruflichen Erfahrungen auf die berufliche Leistungsfähigkeit nachgewiesen werden (Ward/Fischer 2008). Darüber hinaus konnte nachgewiesen werden, dass ein hoher Grad an kultureller Intelligenz die Wirksamkeit von vorherigen Auslandserfahrungen oder interkulturellen Trainings für die erfolgreiche Eingewöhnung an die Tätigkeit am kulturell fremden Arbeitsort erhöhte (Moon et al. 2012). Kulturelle Intelligenz vermittelte außerdem zwischen der internationalen Erfahrung von Führungskräften und ihrem Führungserfolg in kulturell heterogenen Teams.

Mehrere derartiger Vergleichsstudien haben zeigen können, dass sich kulturelle Intelligenz weder mit anderen psychologischen Konzepten schlichtweg deckt, noch dass das Konzept außerhalb von interkulturellen Situationen Erklärungskraft beanspruchen kann. Beide Punkte sind für den Nachweis der Wirksamkeit und der Relevanz des Konzepts natürlich sehr wichtig. Dennoch ließen sich Verbindungen zu anderen psychologischen Konstrukten nachweisen. So zeigte sich etwa, dass kulturell intelligentere Menschen zu einem kooperativeren Verhandlungsstil neigen (Imai/Geldfand 2010). Kulturell intelligentere Menschen neigen zudem zu einer größeren Offenheit in ihrer Persönlichkeit (Ang et al. 2006) und sind aufgeschlossener, ihre Ideen mit Menschen aus anderen Kulturen zu teilen und weiterzuentwickeln (Ward/Fischer 2008).

Kulturelle Intelligenz messen

Vielfach ist im vorangegangenen Unterkapitel von der Höhe an kultureller Intelligenz gesprochen worden, die mit anderen Persönlichkeits- oder Leistungsmerkmalen von Individuen korreliert. Damit ist bereits mehrfach auf die Messbarkeit von kultureller Intelligenz hingewiesen worden. Wie genau sie gemessen wird, soll im Folgenden beschrieben werden.

Mittlerweile existieren zwei Erhebungsinstrumente, die von der Forschergruppe um Ang et al. erstellt wurden. Der erste Test heißt CQS (*Cultural Intelligence Scale*) und wurde 2003 entwickelt. Er umfasst zwanzig Fragen. Nachdem die Forscher wenige Jahre später neue Subskalen für die vier Dimensionen ihres Instruments – Kognition, Metakognition, Motivation und Verhalten – entwickelt hatten, war es nötig, die Zahl der Fragen auf 37 zu erhöhen und damit einen neuen Test zu entwickeln. Weil es sich dabei um eine Erweiterung des bestehenden Tests handelt, nennen ihn die Forscher E-CQS (*Expanded Cultural Intelligence Scale*) (Van Dyne et al. 2012). Beide Tests sind Selbstberichtstests, das heißt, die Probanden sind aufgefordert, eigenständig Fragen nach ihren interkulturellen Fähigkeiten, ihrem Wissen um die Werte und Regeln in anderen Kulturen und über ihre Bereitschaft zu beantworten, sensibel gegenüber dem Verhalten anderer und bereit und auch fähig zu sein, ihr eigenes Verhalten aufgrund kultureller Besonderheiten zu verändern.

Es mag auf den ersten Blick überraschend erscheinen, dass die Beantwortung von zwanzig beziehungsweise 37 Fragen zu den eigenen Fähigkeiten zu einem aussagekräftigen Ergebnis über die eigene Kompetenz führt. Denn einerseits kann es sein, dass die Testpersonen ihre Fähigkeiten stets in ein besseres Licht rücken. Bei Selbstauskunftstest bildet deswegen die Aufrichtigkeit der Probanden immer eine gewisse Unabwägbarkeit. Andererseits könnten viele Menschen durch eine Selbstauskunft auch überfordert sein, weil sie sich nicht für fähig halten, ihre eigenen Persönlichkeitsqualitäten objektiv einschätzen zu können. Die Statistik konnte beide Sorgen ausräumen. Die zwanzig Items des CQS entstanden auf der Basis eines ursprünglich mehr als 50 Fragen umfassenden Tests. Dessen einzelne Items wurden gründlich statistisch überprüft und nur die validen und reliablen Items in den CQS übernommen (Ang/Van Dyne/Tan 2011, 586). Umfangreiche Korrelationsüberprüfungen, von denen einige im vorherigen Unterkapitel erwähnt wurden, konnten die Belastbarkeit der Testergebnisse eindrucksvoll bestätigen.

Die auf den ersten Blick unscheinbare Selbstauskunft kann damit sehr präzise Erkenntnisse über die Fähigkeiten von Menschen liefern – insofern sie die Fragen aufrichtig und ehrlich beantworten.

Aufgrund dieser Forschungsergebnisse gilt der CQS als eines der besten und belastbarsten Instrumente für die Ermittlung interkultureller Fähigkeiten. Nachgewiesen wurde das unter anderem durch eine umfangreiche Evaluation, die vor wenigen Jahren vorgelegt wurde. Dafür wurden aus allen zur Verfügung stehenden Tests für die Messung interkultureller Kompetenzen bei Individuen zehn ausgewählt (Matsumoto/Hwang 2013, 854). Von den beiden durch Ang et al. entwickelten Tests überprüften die Forscher nur den CQS und er schnitt sehr gut ab und gehörte zu einer Gruppe von drei Tests, die von den Autoren für besonders verlässlich gehalten werden. Neben dem CQS sind das auch die *Intercultural Adjustment Potential Scale* (ICAPS) und das *Multicultural Personality Inventory* (MPQ). Als Ergebnis der Evaluation wurde deutlich, dass alle drei Tests zusammen auf vier Eigenschaften hinweisen, die besonders aussagekräftig dafür sind, ob ein Mensch interkulturell erfolgreich handeln kann. Dazu gehören neben Motivation auch Offenheit und Aufgeschlossenheit, Flexibilität, Empathiefähigkeit und emotionale Stabilität (Matsumoto/Hwang 2013, 868).

Kulturelle Intelligenz trainieren

Intelligenz ist trainierbar: Diese Erkenntnis unterscheidet das oben vorgestellte mehrdimensionale Intelligenzkonzept, das Sternberg am umfassendsten ausgearbeitet und begründet hat, vom ursprünglichen eindimensionalen Konzept der generellen Intelligenz. Da die Entdecker der kulturellen Intelligenz ihr Konzept in die Tradition von Sternberg stellen, kann selbstverständlich auch die kulturelle Intelligenz trainiert und verbessert werden. Im Folgenden wird gezeigt, wie das gelingen kann.

Bevor die Trainierbarkeit von Intelligenz aber erläutert wird, muss in Erinnerung gerufen werden, dass es sich um ein *Intelligenz*konzept handelt. Würde es sich um ein reines Trainingsprogramm handeln, dann wäre nicht nur die Erlernbarkeit seiner Inhalte selbstverständlich, dann würde ein Test auch nicht die Intelligenz einer Person ermitteln, sondern nur ihren Lernerfolg. Das in Kapitel 2.1.4 vorgestellte mehrdimensionale Intelligenzmodell darf deswegen nicht als ein Trainingsmanual missverstanden werden. Auch eine als mehrdimensional verstandene Intelligenz kann nicht nach Belieben verändert und angepasst werden, sondern baut auf den natürlichen Talenten einer Person auf. Anders als die Ansätze auf der Basis des *g*-Faktors behaupten Sternberg und Ang et al. aber nicht, dass Intelligenz eine das ganze Leben über stabile Persönlichkeitseigenschaft ist. Stattdessen lässt sie sich durch gezieltes Training – oder auch durch ihre Vernachlässigung – verändern.

Mit dieser Klarstellung vor Augen ist es verständlich, dass bestimmte Dimensionen der kulturellen Intelligenz wie das Wissen über fremde Kulturen (Kognition) leichter trainiert werden können als etwa das Empathievermögen oder der Grad der Selbstreflexivität (Metakognition). Allerdings sind auch metakognitive und motivationale Elemente erfolgreich trainierbar. Allen voran der Aufenthalt in anderen Ländern und intensive interkulturelle Erfahrungen fördern die Sensibilität und die Bereitschaft für interkulturelle Situationen (Van Dyne et al. 2012, 297). Dass der Trainierbarkeit dabei Grenzen gesetzt sind, macht der Nachweis deutlich, dass bestimmte Persönlichkeitsmerkmale eine Bedingung für kulturelle Intelligenz sind (Ang/Van Dyne/Rockstuhl 2015, 291). Hierzu zählt insbesondere Offenheit, die eine Bedingung dafür ist, sich mit Fremden im Allgemeinen und anderen Menschen und Kulturen im Besonderen auseinanderzusetzen.

Durch Methoden wie Rollenspiele, deren Trainingserfahrungen der Wirklichkeit so nah wie möglich kommen, kann das konkrete Verhalten von angehenden Expatriates verbessert werden. Durch angeleitete Selbstreflexionen und Gespräche mit anderen können zudem auch die metakognitive und die motivationale Seite der kulturellen Intelligenz verbessert werden.

Hierbei ist stets auch die Steigerung von Selbstwirksamkeit und Selbstvertrauen wichtig, denn ohne sie können die Entbehrungen eines Auslandsaufenthaltes nicht gemeistert werden (Earley/Peterson 2004, 111). Die Details für diese Trainings werden im Praxisteil genauer erläutert.

3.

Der kulturorientierte Managementprozess

Mit kultureller Intelligenz handeln Sie erfolgreicher

Es gibt diverse Forschungsarbeiten und Praxishandbücher zu interkultureller Managementkompetenz auf dem deutschen Buchmarkt. Wollen wir diesen Stapel um ein weiteres Buch erhöhen? Nein! Unser Buch gehört nicht auf den unübersichtlichen Berg der gängigen Kompetenzliteratur. Der Grund dafür ist ganz einfach: Kulturelle Intelligenz ist ein deutlich umfassenderes Konzept als interkulturelle Kompetenz. Und dazu besitzt es deutlich mehr Relevanz für die Erreichung ambitionierter Ziele im internationalen Managementalltag.

Hierauf fokussiert sich der folgende Praxisteil des Buches. Einfluss und Einsatzmöglichkeiten der kulturellen Intelligenz im gesamten Managementprozess werden klar veranschaulicht. Aber kulturelle Intelligenz ist viel mehr als ein Trainingsprogramm! Dank kultureller Intelligenz kann überhaupt erst verstanden werden, welche Eigenschaften ein Manager bereits vorweisen oder eben durch Trainings entwickeln muss, wenn er auf einer Auslandsentsendung oder im täglichen internationalen Geschäft Erfolg haben will.

> Kulturelle Intelligenz ermöglicht es, den gesamten Managementzirkel neu zu durchdenken und kultursensibel zu verwirklichen.

Kulturelle Intelligenz ist das Schlüsselkonzept, um mit Mitarbeitern und Geschäftspartnern aus anderen Kulturkreisen hier in der deutschsprachigen Welt erfolgreich zusammenzuarbeiten.

> In der Praxis steht kulturelle Intelligenz für die Fähigkeit, auf der Basis kulturellen Wissens und kultureller Neugier mit Menschen besser zu interagieren, sie besser zu führen, besser mit ihnen zu kommunizieren, besser Konflikte zu managen und besser zu verstehen, welche Werte im eigenen Leben und in den Leben der Anderen eine entscheidende Rolle spielen.

Damit ist kulturelle Intelligenz die Basis für erfolgreiches Handeln in einer globalisierten Arbeitswelt.

Wenn Sie das zweite Kapitel des Buches schon gelesen haben, wissen Sie bereits, dass Intelligenz ein trainierbares und praxisnahes Konzept erfolgreichen Handelns ist. Sie wissen zudem, dass kulturelle Intelligenz mehrdimensional ist. Sie besteht aus objektivem Wissen über andere Kulturen sowie aus den Fähigkeiten, sein eigenes Wissen reflektieren und hinterfragen zu können, selbstbewusst und neugierig mit anderen Kulturen umzugehen und schließlich auch in der Lage zu sein, sein eigenes Verhalten anzupassen. Damit können Sie auch in anderen Kulturen klar und erfolgreich kommunizieren und führen. Falls sie den ersten Teil des Buches erst einmal übersprungen haben, sind Ihnen die historischen und theoretischen Hintergründe von Intelligenz, von Kultur und von kultureller Intelligenz vermutlich noch nicht vertraut. Aber keine Sorge: Sie können den Theorieteil auch später lesen und wir zeigen Ihnen nun erst einmal, wie Sie kulturelle Intelligenz erfolgreich in der Praxis nutzen zu können.

Kultur im Managementprozess

Warum Kultur für jedes Management wichtig ist

Die Kultur, mit der sich die kulturelle Intelligenz beschäftigt, besteht aus Wahrnehmungsperspektiven sowie Werte- und Glaubensüberzeugungen, die spezifisch sind für Gruppen von Menschen. Empirische Untersuchungen haben gezeigt, dass den Menschen aller Staaten jeweils bestimmte kulturelle Eigenarten zugeschrieben werden können. Das bedeutet aber nicht, dass Kulturen mit Staaten identisch sind: Menschen sind fast immer durch mehrere Kulturen geprägt und in ein und demselben Land gibt es häufig viele Kulturen zugleich. Wenn wir von nationalen Kulturen sprechen, ist das deswegen nur eine Hilfskonstruktion, um die Welt ein bisschen übersichtlicher zu machen.

> Niemals dürfen Sie glauben, dass alle Menschen eines Staates dieselbe Kultur haben oder dass es bestimmte kulturelle Eigenschaften nur in einem Staat und nirgendwo sonst auf der Welt gibt.

Kulturen sind dynamische Gebilde, das heißt, sie verändern sich ständig. Aber manche Eigenarten blieben über die letzten Jahrzehnte hinweg gleich und die interkulturelle Management-Forschung hat die wichtigsten dieser Eigenschaften identifiziert. Letztlich können sich aber auch diese Eigenschaften verändern. Gerade die Globalisierung hat in vielen Kulturen bereits Veränderungen bewirkt, zum Teil hat sie aber auch eine bewusste Rückkehr zu vergessen geglaubten kulturellen Traditionen hervorgerufen.

Mit kultureller Intelligenz ist es möglich, die Besonderheiten von Kulturen verstehen und konstruktiv mit ihnen umgehen zu können. Zugleich ermöglicht Ihnen die kulturelle Intelligenz auch, die Besonderheiten von Individuen besser zu verstehen. Denn kulturell intelligent ist es nicht, jeden Menschen eines Staates über ein und denselben Kamm zu scheren. Kulturelle Intelligenz besteht stattdessen in der Fähigkeit, individuelle und kulturelle Eigenarten von Menschen auseinanderhalten und auf diese Weise sensibel und verständnisvoll mit ihnen umgehen zu können. Wie jede Form von Intelligenz ist auch kulturelle Intelligenz in der Lage, sowohl zum Nutzen als auch zum Schaden anderer verwendet werden zu können. Sie beinhaltet kein moralisches Lehrprogramm und es liegt an Ihnen, kulturelle Intelligenz zum Wohle aller zu nutzen.

Nur wenn Sie neben Ihrem eigenen Profit auch an den Profit Ihrer Geschäftspartner und den Zugewinn an Lebensqualität für Ihre Kunden denken, wird Ihr Erfolg auf Vertrauen gründen und damit stabil und nachhaltig sein. Das ist beim Gebrauch kultureller Intelligenz nicht anders als bei jeder anderen Management-Strategie.

Um die Erkenntnisse zur kulturellen Intelligenz für den gesamten Umfang des unternehmerischen Tuns fruchtbar machen zu können, nutzen wir im Folgenden den klassischen Managementprozess. Damit lässt sich für jede Aufgabe eines Managers präzise bestimmen, welchen Einfluss kulturelle Besonderheiten haben und wie auf eine intelligente Weise mit ihnen umgegangen werden kann. Anhand von Beispielen aus der interkulturellen Praxis wollen wir zeigen, wie wichtig das Wissen um kulturelle Intelligenz ist und auf welche Weise es für unternehmerischen Erfolg genutzt werden kann.

Ein idealer Managementprozess

Der Managementprozess oder auch Managementzirkel genannt beschreibt die Teilaufgaben der Unternehmensführung. Letztlich lässt sich mit seiner Hilfe aber der Ablauf jeder eigenständigen Aufgabenbewältigung erklären. Der Prozess kann in fünf Schritte unterteilt werden. Zunächst wird (1.) ein Ziel gebildet, das erreicht werden soll. Wie das Ziel erreicht werden kann wird (2.) in der

Planungsphase überlegt und dann (3.) entschieden. Daran schließt sich (4.) die Ausführung der Entscheidung an, die schließlich (5.) kontrolliert und überwacht wird. Oft wird der Managementprozess genutzt, um die Verwirklichung von Unternehmensstrategien zu planen.

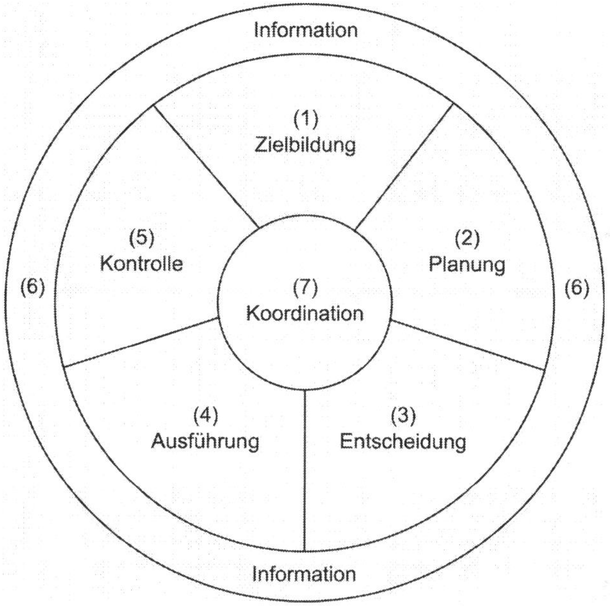

Managementzirkel (Quelle: Wöhe 2013, S. 48)

Der Zirkel hilft, die wichtigsten Handlungsschritte im Manageralltag voneinander zu unterscheiden. Außerdem kann er genutzt werden, um jeden einzelnen Schritt genau zu analysieren und zu bewerten, welche Aufgaben erfüllt werden müssen, um den Schritt erfolgreich zu bewältigen. Dabei darf aber nicht vergessen werden, dass es sich beim Managementprozess um ein abstraktes Modell handelt. In der Praxis gehen die einzelnen Schritte häufig fließend ineinander über. Manche Schritte wie die von Entscheidung und Kontrolle lassen sich sogar besser als Aufgabenbündel verstehen, die das Managementhandeln die ganze Zeit über bestimmen. Denn Entscheidung und Kontrolle werden immer wieder ausgeübt, nicht nur im dritten und fünften Schritt eines Managementprozesses. Auch Fragen von Planung und Ausführung stellen sich meistens nicht nur einmal, sondern können innerhalb ein und desselben Projekts wiederkehren. Damit wird deutlich, dass der idealtypische Managementprozess genau das ist: idealtypisch. Er besitzt den Nachteil vieler Modelle, die Wirklichkeit zu vereinfachen, aber genau darin liegt letztlich auch seine Stärke, denn durch seine Einfachheit erlaubt es der Managementprozess, die komplexe Wirklichkeit klarer zu sehen, als sie uns im Alltag häufig erscheint.

Die fünf Prozessschritte

In unserem Praxisleitfaden nutzen wir die einzelnen Schritte des Managementprozesses, um die Verwirklichung von kultureller Intelligenz in allen wichtigen Handlungsfeldern zu erklären. Ein kurzer Überblick über die folgenden Kapitel soll das verdeutlichen.

(1) Ziele setzen

Die wichtigste Zielsetzung von Managern und Unternehmern ist es, Gewinn zu generieren oder sogar zu maximieren. Jeder Manager weiß aber, dass damit noch kein Ziel gesetzt ist. Gewinn kann auf zahllose Weisen generiert werden und der Wert des Gewinns muss gegen andere Werte wie den innerbetrieblichen Zusammenhalt, die Zukunftsoptionen des Unternehmens, die Marktchancen der Wettbewerber und so weiter abgewogen werden. Auch die kulturelle Intelligenz hat mit den Zielen von Unternehmen zu tun. Sie hilft natürlich nicht, Managementfragen zu entscheiden, also ob eine Forschungsabteilung etwa ausgelagert werden sollte, um kurzfristig Kosten zu senken, oder ob sie besser behalten werden sollte, um in Zukunft eigenständige Innovationen vorantreiben zu können. Kulturelle Intelligenz weitet aber den Blick darauf, dass sich Unternehmensziele zwischen verschiedenen Kulturen unterscheiden, obwohl überall versucht wird, Gewinn zu machen und gutes Geld zu verdienen. Dank der Forschungen zur kulturellen Intelligenz und zum Vergleich von Kulturen ist es möglich, die wichtigsten Unterschiede zwischen Kulturen zu erkennen und zugleich zu verstehen, welche Auswirkungen sie auf das unternehmerische Tun in diesen Ländern haben. Und genau das werden wir Ihnen im entsprechenden Kapitel weiter unten zeigen.

(2) Planen

Planung bildet den Kern unternehmerischen Handelns. Planung findet sich in allem, was Manager machen. Letztlich entspringt sogar die Zielsetzung einer planenden Überlegung (Steinmann/Schreyögg/Koch 2013, 10f). Aber Planung darf nicht überschätzt werden. In der betrieblichen Wirklichkeit kommt Planung angesichts von Zeitdruck und Ressourcenknappheit häufig viel zu kurz und der Job von Managern besteht dann gerade darin, das ‚Chaos' zu verwalten. Für eine wohlinformierte und abwägende Planung ist häufig keine Zeit und Manager arbeiten häufig dafür, das Unternehmen am Laufen zu halten (Mintzberg 2010, 33). Das aktuelle Konzept des postheroischen Managements hat mit überzeugenden Argumenten darauf hingewiesen, dass die Rolle des Managers nicht die eines allwissenden und allmächtigen Entscheiders besteht, der alle Mitarbeiter zu Ausführenden seines überragenden Plans macht (Baecker 2012). Auch wir sind dieser Meinung, obwohl wir darauf im vorliegenden Buch nicht genauer eingehen werden. Planung unter den Bedingungen des postheroischen Managements heißt, Menschen motivieren zu können, selbst Verantwortung zu übernehmen, damit sie ihre Kraft und ihr Wissen dafür einsetzen, dass die Organisation besser und erfolgreicher handeln kann, als es die Einzelnen können. Das Kapitel zur Planung wird sich deswegen um die Kunst drehen, Menschen über Kulturgrenzen hinweg motivieren zu können.

(3) Entscheiden

Entscheidungen zu treffen, könnte so einfach sein: Man tut einfach das Richtige. Wenn es so leicht wäre, bedürfte es natürlich keiner Manager. Noch vor wenigen Jahrzehnten waren die meisten Wirtschaftsführer der Meinung, der Mensch sei prinzipiell fähig, vollständig rational zu handeln, ihm würde es in der Praxis nur hier und da an Informationen fehlen. Mittlerweile hat uns die Verhaltensökonomie eines Besseren belehrt und das Konzept der begrenzten Rationalität (*bounded rationality*) ist in aller Munde (Lee 2011). Was es mit diesem Konzept auf sich hat und von welchen kulturellen Besonderheiten Sie in den begrenzten Entscheidungsrationalitäten Ihrer ausländischen Mitarbeiter und Geschäftspartner (und nicht zuletzt bei Ihnen selbst!) ausgehen können, zeigen wir Ihnen bei der Diskussion des Prozessschritts ‚Entscheidung'.

(4) Ausführen

Der Schritt der Ausführung trägt den Begriff der Führung schon im Wort: Hier wird es um Führungstheorien gehen. Ohne Führung kein Management, aber schon in deutschen Unternehmen ist Chef nicht gleich Chef, Geführter nicht gleich Geführter und damit Führung nicht gleich Führung. Gelingende Führung muss sich an vielen Faktoren orientieren und wenn die Unterschiede zwischen Kulturen hinzugenommen werden, wird die Komplexität noch größer. In diese Unübersichtlichkeit wollen wir Klarheit bringen. Die im ersten Teil des Buches vorgestellte Forschung des GLOBE-Teams hat dazu wichtige Erkenntnisse gewonnen. Diese werden wir aufnehmen, durch aktuelle Erkenntnisse aus der Wirtschaftspsychologie ergänzen und damit deutlich machen, worauf es bei der Führung über Kulturgrenzen hinweg besonders ankommt.

(5) Kontrollieren

Die Idee der Kontrolle ist ähnlich ins Wanken geraten wie das Konzept der Planung: Planung und Kontrolle im Management in vollem Umfang zu praktizieren, ist kaum möglich. Ohne Kontrolle geht es aber natürlich auch nicht. Wie sollen wir also umgehen mit den Idealen der Steuerung und der Kontrolle, die uns einerseits vertraut sind, die andererseits aber für die Beschreibung des Unternehmensalltags nicht richtig passen wollen. Zwei Möglichkeiten gibt es: Wir können Kontrolle erstens als etwas sehr Einfaches verstehen, nämlich das Abgleichen von Zahlen. Kontrolle heißt dann zu schauen, ob die Ist-Werte mit den Soll-Werten übereinstimmen (Steinmann/Schreyögg/Koch 2013, 13). In quantifizierbaren Unternehmensbereichen wie dem Controlling mag das funktionieren. In vielen anderen Bereichen der Unternehmensführung stehen aber keine oder nur unzureichende Zahlen zur Verfügung. Um hier in Erfahrung zu bringen, was wirklich passiert ist, was besser gemacht werden kann und welche Maßnahmen sich als wirksam herausgestellt haben, muss kommuniziert werden. Nur durch Kommunikation kann in einem komplexen Unternehmen Überprüfung stattfinden. Der Einwand, dass in allen anderen Schritten des Managementzirkels auch kommuniziert wird, ist natürlich vollkommen richtig. Kommunikation findet überall statt. Sie ermöglicht überhaupt erst menschliche Organisation. Aber da wir nicht in jedem Analyseschritt auf die Rolle der kulturellen Intelligenz für die Kommunikation zu sprechen kommen können (das würde dann doch irgendwann langweilig werden), wird dieser Aspekt am Ende des Managementzirkels ausführlich erläutert.

Ziele setzen: Vielfalt strukturieren

Absprachen treffen und einhalten

Unternehmen müssen Geld verdienen. Das ist die Grundbedingung wirtschaftlichen Tuns. Jenseits dieser universellen Aussagen gibt es viele kulturelle Unterschiede, die einen wichtigen Einfluss auf die Ziele wirtschaftlichen Handelns haben. Je genauer man hinschaut, desto mehr wird sichtbar, wie stark kulturelle Besonderheiten das

Verhalten von Unternehmen bestimmen. Aber natürlich sind es nicht nur Kulturen, die Unternehmen prägen, sondern auch Personen. Persönliche und kulturelle Eigenarten lassen sich aber dadurch voneinander unterscheiden, dass kulturelle Eigenarten in einem bestimmten Umfeld häufiger vorkommen als persönliche Eigenarten. Von Forschern werden dafür Ländergruppen (sogenannte Cluster) unterschieden. Mehrere, oft miteinander benachbarte Länder bilden dabei einen Cluster mit ähnlichen Eigenschaften. Das macht erstens deutlich, dass es sich bei der untersuchten Eigenschaft um eine kulturelle und keine persönliche handelt. Und zweitens zeigen Cluster auch, dass kulturelle Besonderheiten meistens nicht an Ländergrenzen Halt machen, sondern oft ganze Regionen prägen. Bevor wir die wichtigsten Hinsichten erläutern, in denen Wirtschaftskulturen die Zielsetzungen von Unternehmen beeinflussen, wollen wir Ihnen zunächst erklären, welche Cluster Sie für das erfolgreiche Meistern interkultureller Situation kennen müssen.

Ziele an geografische Cluster anpassen

Geografische Cluster erleichtern die Einordnung von Staaten in bestimmte kulturelle Gruppen und das wiederum erleichtert Ihnen den Umgang mit Mitarbeitern und Geschäftspartnern aus anderen Kulturen. Da die Untersuchung von Kulturen und ihre Einordnung in Gruppen eine lange wissenschaftliche Tradition hat, sind die Daten empirisch sehr belastbar (Gupta/Hanges 2004, 180f). Wo das nicht der Fall ist, weisen wir später darauf hin. Trotz der Wissenschaftlichkeit der Analyse gilt aber wie immer bei der kulturellen Intelligenz:

> Das Wissen um kulturelle Unterschiede und Eigenarten ist nur *ein* Aspekt kultureller Intelligenz. Mindestens ebenso wichtig ist es, eine Sensibilität für die kulturellen Eigenarten der konkreten Menschen zu entwickeln, mit denen man beruflich zusammenarbeitet.

Und diese Sensibilität lässt sich natürlich nicht aus einem System an kulturellen Clustern erlernen. Aber das Wissen um die Cluster deckt einen Teil der kognitiven Komponenten von kultureller Intelligenz ab und darf deswegen nicht vernachlässigt werden. Zehn Cluster lassen sich unterscheiden. Drei von ihnen finden sich gleich auf mehreren Kontinenten, sodass es von den in Summe zehn Clustern fünf Cluster in Europa gibt, zwei in Amerika, vier in Afrika und vier in Asien. Alle Cluster werden wir vorstellen. Dabei wird auch der Cluster erläutert, zu dem die deutschsprachigen Länder gehören. Aber Achtung: Den uns vertrauten Cluster in den Text aufzunehmen, ist keinem umständlichen Perfektionismus geschuldet, sondern der wichtigen Erkenntnis, dass man nur dann kulturell sensibel handeln kann, wenn man weiß, worin die Besonderheiten der eigenen Kultur und des eigenen Denkens bestehen.

Wir beginnen mit den kulturellen Clustern in Europa:

(1) Anglophoner Cluster

Der englische Cluster umfasst Großbritannien und die von ihm geprägten englischsprachigen Länder weltweit. Im Rahmen der GLOBE-Studie wurden aus diesem Cluster die Länder Australien, Großbritannien, Irland, Kanada, Neuseeland, (weißes) Südafrika und USA untersucht (Gupta/Hanges 2004, 183). Er ist der einzige Cluster, der sich über vier Kontinente erstreckt und zeichnet sich durch Individualismus und Leistungsorientierung aus. In vielen anderen der untersuchten Kulturdimensionen befindet sich der englische Cluster im Mittelfeld und zeigt keine Extreme. Aufgrund der globalen Bedeutung der englischen Sprache und der amerikanischen Kultur ist dieser Cluster weltweit sehr einflussreich und viele kulturelle Beobachtungen der letzten Jahrzehnte wurden aus seiner Perspektive gemacht.

(2) Lateinischer Cluster

Zum lateinischen Cluster zählen die Länder, die besonders stark durch das antike römische Reich und die lateinische Sprache geprägt wurden. Das GLOBE-Projekt hat aus dieser Gruppe die Länder Frankreich, Spanien,

Portugal, Italien, französischsprachige Schweiz und Israel untersucht. Bis auf Israel wurden die Länder auch stark durch die römisch-katholische Kirche beeinflusst. Zugleich eint sie die Ablehnung des Protestantismus. In der GLOBE-Studie zeigt dieser Cluster eine eher geringe humane Orientierung und einen geringen Wert an institutionellem Kollektivismus. In den anderen Dimensionen befindet sich der Cluster eher im Mittelfeld. (Die genaue Bedeutung der kulturellen Dimensionen für die Managementpraxis werden später erläutert, sie wurden aber auch im ersten Teil des Buches bereits angesprochen.)

(3) Germanischer Cluster

Die deutschsprachigen Länder zählen zum germanischen Cluster. Er umfasst darüber hinaus mit Belgien und den Niederlanden zwei Länder, die ebenfalls von der GLOBE-Studie untersucht wurden. Im germanischen Cluster ist der Protestantismus entstanden und die Länder sind nach wie vor von ihm geprägt. Werte wie Ordentlichkeit, Direktheit (in der Kommunikation), Ehrlichkeit und Loyalität gelten als wichtig (Gupta/Hanges 2004, 185). Der Cluster gilt als sehr stabil in seinen kulturellen Eigenarten. Von den kulturellen Dimensionen spielen in der Wirtschaft vor allem Leistungsbereitschaft, Durchsetzungsstärke, langfristiges Denken sowie das Bedürfnis, Unsicherheit durch Planungen zu vermeiden, eine große

Rolle. Humane Orientierung und Kollektivismus sind dagegen gering ausgeprägt.

(4) Nordischer Cluster

Der nordische Cluster umfasst die nördlich an den germanischen Cluster grenzenden Staaten Dänemark, Norwegen, Schweden, Finnland und Island (Gupta/Hanges 2004, 184f). Es sind dies die von den Wikingern und ihrem kollektivistischen Weltbild geprägten Länder Skandinaviens. Die GLOBE-Forscher unterstreichen dennoch, dass eine Abgrenzung zum germanischen Cluster im Einzelfall nicht immer einfach ist. Das liegt nicht daran, dass sich beide Cluster ähnlich wären. Im Gegenteil: Im nordischen Cluster hat Kollektivismus eine große Bedeutung, wohingegen Durchsetzungsstärke und Machtdistanz eher wenig ausgeprägt sind. Die statistischen Analysen zeigen aber, dass die zum germanischen Cluster gehörenden Länder nur mit einer Wahrscheinlichkeit von 50 Prozent den Eigenschaften dieses Clusters entsprechen und zu 40 Prozent denen des nordischen Clusters. Für die Praxis bedeutet das, dass die Menschen in den Ländern des germanischen Clusters entweder germanisch oder nordisch sind, aber nur selten einen diffusen Mix aus beiden bilden.

(5) Osteuropa-Cluster

Jedes Land des Osteuropa-Clusters war in der zweiten Hälfte des 20. Jahrhunderts ein kommunistischer Satellitenstaat der Sowjetunion. Wird in der Geschichte noch weiter zurückgegangen, dann fällt zudem die Gemeinsamkeit auf, dass sie lange von Steppenvölkern aus Asien beherrscht wurden. Im Rahmen der GLOBE-Studie fallen Albanien, Georgien, Griechenland, Kasachstan, Polen, Russland, Slowenien und Ungarn in diese Gruppe. Gemeinsam ist den Ländern dieses Clusters heute eine eher geringe Leistungsorientierung, aber eine große Bedeutung von Durchsetzungsstärke und Autorität. Auch die In-Gruppen-Kollektivität ist hoch, die Tendenz, Unsicherheit zu vermeiden dagegen eher gering.

Neben dem englischen Cluster, dem das weiße Südafrika angehört, wurden von den Forschern zwei weitere Cluster in Afrika identifiziert:

(6) Arabischer Cluster

In Nordafrika dominiert der arabisch geprägt Cluster des Nahen Ostens. Aus der Gruppe der GLOBE-Länder gehören diesem Cluster Ägypten, Qatar, Kuwait, Marokko und die Türkei an. Traditionell spielen der Islam und seine Werte in diesem Cluster eine entscheidende Rolle. Weltliche Regierungen und weltliches Recht besitzen demgegenüber nur wenig Einfluss. Aufgrund der Bedeutung der Religion wird stark auf die Einhaltung moralischer Werte geachtet (Gupta/Hanges 2004, 186f). Für die Dimensionen des interkulturellen Managements heißt das, die Länder dieses Clusters haben eine eher geringe Zukunftsorientierung und eher wenig Bedürfnis danach, Unsicherheit zu vermeiden. Der In-Gruppen-Kollektivismus ist dagegen eher hoch ausgebildet. In den anderen Dimensionen finden sich Mittelwerte.

(7) Subsahara-Cluster

Der Rest Afrikas (außer dem Anteil Weißer in Südafrika) zählt zum Subsahara-Cluster. Von der GLOBE-Studie wurden aus ihm die Länder Namibia, Nigeria, Sambia, Simbabwe und (schwarzes) Südafrika untersucht. Ethnisch und historisch zeichnet sich dieser Raum durch eine große Vielfalt aus, weil Hochzeiten zwischen den Volksgruppen selten waren und eine große Gemeinsamkeit wie der Islam in Nordafrika unterhalb der Sahara fehlt. Sozial hat die kollektivistische Philosophie von *ubuntu* (Menschlichkeit) großen Einfluss im Subsahara-Cluster, sodass es damit doch eine wichtige Gemeinsamkeit gibt. Sie bestimmt auch die interkulturelle Besonderheit des Managements. Der Subsahara-Cluster zeichnet sich durch eine starke humane Orientierung aus. In fast allen anderen Dimensionen hat der Cluster mittlere Werte, Kollektivismus hat allerdings eine große Bedeutung. Ein bisschen weniger stark als beim germanischen und nordischen Cluster ist auch die Zuordnung der Bewohner zwischen Subsahara-Cluster und dem Cluster Naher Osten nicht so leicht zu ziehen wie die Unterscheidung zwischen anderen Clustern. Auch hier muss also im Einzelfall besonders genau hingeschaut werden, weil die Eigenschaften der Menschen aus diesen Ländern kulturell stärker mit anderen Clustern überlagert sein können als andernorts.

Für Asien werden neben den bereits erläuterten Clustern Naher Osten und Osteuropa-Cluster zwei weitere Cluster unterschieden:

(8) Südasien-Cluster

Der Südasien-Cluster wurde durch den Buddhismus beeinflusst, aber auch durch den Hinduismus, durch den Islam und das Christentum (Gupta/Hanges 2004, 188). In der GLOBE-Studie wurden aus diesem Cluster die Staaten Indien, Iran, Malaysia, Philippinen und Thailand untersucht. Historisch fällt Indien in diesem kulturellen Cluster die Schlüsselrolle zu – ähnlich wie sie China für den konfuzianischen Cluster besitzt. Der Südasien-Cluster ist geprägt durch eine lange Geschichte der friedlichen Koexistenz verschiedener Kulturen und Ethnien. Eine wichtige Voraussetzung dafür war die Bereitschaft, von anderen Kulturen zu lernen und neuen Einflüssen gegenüber aufgeschlossen zu sein. Nicht zuletzt aufgrund dieser historischen Tendenz zu Ausgleich und Versöhnung zeigt der Südasien-Cluster heute in den meisten interkulturellen Vergleichsdimensionen mittlere Werte. Abweichungen davon gibt es durch eine große Bedeutung von humaner Orientierung und einen hohen Grad an In-Gruppen-Kollektivismus.

(9) Konfuzianischer Cluster

Der konfuzianische Cluster ist geprägt durch die Lehren von Konfuzius und von Buddha. China bildet den kulturellen Mittelpunkt dieses Clusters. Weitere von der GLOBE-Studie untersuchte Länder aus diesem Cluster sind Hong Kong, Japan, Singapur, Südkorea und Taiwan. Im Konfuzianismus spielen Hierarchien und die Loyalität zur Familie und zu den Vorfahren eine wichtige Rolle. Auch die Bereitschaft, Opfer zu bringen, und auf Belohnungen zu warten, die erst viel später als die erbrachte Leistung eintreten, sind typisch (Gupta/Hanges 2004, 189). Im Bereich des interkulturellen Managements schlägt sich das in den Dimensionen Leistungsorientierung und Kollektivismus nieder, die beide sehr hoch sind. In allen anderen Dimensionen zeigen die Länder des konfuzianischen Clusters mittlere Werte.

Neben dem englischen Cluster, dem Kanada und die USA angehören, findet sich in Amerika noch ein zweiter kultureller Cluster:

(10) Lateinamerika-Cluster

Der Lateinamerika-Cluster ist stark durch die spanische Kolonisierung und den Einfluss der römisch-katholischen Kirche geprägt. Auch die spanische (beziehungsweise portugiesische) Sprache bildet ein verbindendes Element (Gupta/Hanges 2004, 186). Personen wird Respekt gezollt, sodass direkte Kritik kaum möglich ist. Durch einen starken Paternalismus finden sich auch im Wirtschaftsleben oft familienartige Strukturen und Unterordnungsverhältnisse. Auch ein Handeln zum eigenen Vorteil beziehungsweise zum Vorteil der Familie wird als legitim angesehen. Von der GLOBE-Studie wurden aus dem Lateinamerika-Cluster sehr viele Länder untersucht, nämlich Argentinien, Bolivien, Brasilien, Costa Rica, Ecuador, El Salvador, Guatemala, Kolumbien, Mexiko und Venezuela. Mit Blick auf die interkulturellen Managementdimensionen hat sich dabei eine geringe Orientierung auf Leistung und Langfristigkeit ergeben. Auch institutioneller Kollektivismus und die Tendenz zur Vermeidung von Unsicherheit waren gering ausgeprägt. Stark zeigt sich dagegen die Dimension des In-Gruppen-Kollektivismus.

Ziele an Kulturdimensionen ausrichten

Kulturdimensionen beeinflussen, welche Werte und Überzeugungen für die Zielfindung in Unternehmen und

Teams eine Rolle spielen. Oft können das auch Werte sein, die den Beteiligten gar nicht bewusst sind, weil sie sie für selbstverständlich halten und sich gar nicht vorstellen können, dass in anderen Kulturen an diesem Punkt andere Überzeugungen herrschen könnten.

Beispiel: Deutschland

In Deutschland beziehungsweise im gesamten germanischen Cluster wird Leistungsorientierung besonders wertgeschätzt und sie prägt unser Wirtschaftsleben sehr. Wir halten sie für die Grundbedingung wirtschaftlichen Erfolgs schlechthin und denken, dass sie mit Durchsetzungsstärke einhergeht und damit letztlich mit der egoistischen Leistungsbereitschaft des einzelnen Individuums. Darauf gründet in unseren Augen wirtschaftlicher Erfolg und auf wirtschaftlichem Erfolg gründet Zufriedenheit. So lässt sich die Logik unseres täglichen Tuns zusammenfassen. Werte wie Großzügigkeit, Liebe, Selbstlosigkeit und Milde mögen vielleicht im Privaten von Bedeutung sein, haben aber, so die verbreitete Überzeugung, im Berufsleben nichts verloren. Die mit diesen Eigenschaften identifizierte Dimension ‚humane Orientierung' ist deswegen in der Wirtschaftskultur des germanischen Clusters auch nur gering ausgeprägt. Auch kollektivistischen Ideen stehen wir skeptisch gegenüber, denn sie bedrohen in unseren Augen die wirtschaftliche Betätigungs- und Entfaltungsfreiheit des Individuums. Nichts spricht dagegen, dass einzelne Akteure durch Kompromisse gemeinsam handeln, aber einem übergreifenden Ideal will sich niemand unterordnen. Es könnte das Glück des Einzelnen gefährden.

Sollten Sie sich in dieser Beschreibung wiedererkennen und glauben, dass wirtschaftlicher Erfolg nur mit Leistungsbereitschaft und individueller Durchsetzungsstärke erreicht werden kann, dann wird Sie der Blick auf andere Länder überraschen. Im konfuzianischen Cluster spielt Leistungsbereitschaft eine ähnlich große Rolle wie in Deutschland, aber individuelle Durchsetzungsstärke wird viel weniger geschätzt. Stattdessen gelten die Loyalität gegenüber der Familie (In-Gruppen-Kollektivismus) und die gemeinsame gesellschaftliche Ordnung (institutioneller Kollektivismus) als besonders wichtig. Für die Wirtschaft bedeutet das, die Leistungsbereitschaft an das Team und die Organisation zu koppeln und nicht den Einzelnen zu individuellen Höchstleistungen anzuspornen. Diese Höchstleistungen werden sie nämlich nicht erbringen, wenn es dazu führt, dass die Individuen wegen ihres Egoismus aus der Gruppe verstoßen werden. Deswegen sollte es in kollektivistischen Kulturen auch keinen Mitarbeiter des Monats geben, sondern eher ein Team oder eine Abteilung des Monats (Livermore 2015, 101).

Die Forderung nach einem Mitarbeiter des Monats wird im besten Fall Unverständnis, vielleicht sogar Verzweiflung zur Folge haben, weil die Mitarbeiter damit vor die Wahl zwischen Pest und Cholera gestellt werden: Entweder werden sie von ihren Kollegen als egoistisch verachtet oder von ihrem Chef als faul und unselbstständig kritisiert.

Im konfuzianischen Cluster wird Leistungsbereitschaft betont, aber individuelle Durchsetzungsstärke gilt als schlecht. Aber das ist nicht die einzige mögliche Alternative zum germanischen Cluster. Die Wertschätzung beider Kulturdimensionen kann auch umgekehrt stattfinden. Im Osteuropa-Cluster gilt Durchsetzungsstärke als wichtig, aber Leistungsbereitschaft wird weniger geachtet. Wenn Sie meinen, darin bestünde ein Widerspruch, dann weist Sie das vermutlich als einen Menschen aus, der versucht, die Unsicherheit des Lebens durch den Gedanken zu meistern, dass wirtschaftlicher Erfolg Sicherheit verspricht und letztlich von der eigenen Leistung abhängt. Im germanischen Cluster ist diese Überzeugung weit verbreitet. Im Osteuropa-Cluster besteht dagegen nur eine geringe Tendenz dazu, Unsicherheit zu vermeiden. Die historische Erfahrung hat den Menschen aus diesem Kulturkreis gezeigt, dass Leistungsbereitschaft nicht unbedingt einen guten Platz im Leben erkämpfen kann. Da die Unvorhersehbarkeit des Lebens letztlich dazu führt, dass alles auch ganz anders kommen kann als gedacht, bedarf es einer situativen Durchsetzungsstärke, um sich im Leben zu behaupten. Unsicherheit muss deswegen auch nicht mit aller Macht vermieden werden.

Die Beispiele ließen sich anhand anderer Kulturcluster beliebig fortsetzen. Der Kern der Beispiele bliebe allerdings derselbe:

> Im Mittelpunkt jeder Kultur steht das Verhältnis zwischen Individuum und Gemeinschaft. Die Fragen, welche Leistungen ein Einzelner in einer Wirtschaftskultur erbringen muss und erbringen darf und wer von diesen Leistungen letztlich profitiert (der Einzelne, dessen Familie oder die Gemeinschaft), sind Schlüsselfragen, die das Verhalten der Mitarbeiter und Geschäftspartner aus jeder Kultur in umfassender Weise beeinflussen.

Wenn Sie sich also über eine Ihnen bislang fremde Kultur informieren wollen, dann informieren Sie sich unbedingt darüber, wo diese Kultur auf der Skala zwischen Individualismus und Kollektivismus verortet wird. Und fragen Sie konkret in den Organisationen, mit denen Sie zusammenarbeiten, welche Bedeutung der Einzelne und die Gemeinschaft in ihnen besitzen. Daraus lässt sich ableiten, wie sehr Einzelinitiativen in dieser Kultur gewünscht und gefördert werden. Unterscheiden sollten Sie dabei zwischen der Loyalität zur Familie und der Loyalität zur Organisation beziehungsweise zur Gesellschaft. Im konfuzianischen Cluster sind Familie und Gesellschaft zugleich wichtig. Im nordischen Cluster wird dagegen nur das gesellschaftliche Miteinander besonders geschützt, während der Familie keine spezielle Loyalität geschuldet wird.

Kulturelle Intelligenz offenbart effektive Ziele

Bislang hat sich das vorliegende Kapitel ausschließlich mit der kognitiven Seite von Zielsetzungen beschäftigt. Damit ist der Sinn kultureller Intelligenz aber nicht erschöpft, denn im ersten Teil unseres Buches wurde gezeigt: Kulturelle Intelligenz besteht aus der kognitiven Dimension des Wissens, aus der metakognitiven Dimension, das eigene Wissen reflektieren, anwenden und ergänzen zu können, der motivationalen Dimension, sich mit fremden Kulturen konfrontieren zu wollen und der behavioralen Dimension, sein eigenes Verhalten an die Erfordernisse der fremden Kultur anpassen zu können. Zur kognitiven Dimension, also zum Wissen, das die Forschung zur kulturellen Intelligenz für die wirtschaftliche Praxis bereithält und das für die Zielsetzung wichtig ist, haben wir bislang schon viel gesagt. Wie steht es aber um die anderen drei Dimensionen der kulturellen Intelligenz: Was können sie zu einem besseren Verständnis von Zielsetzungen beitragen?

Um das zu beantworten, soll der Sinn von Zielsetzungen im Managementprozess zunächst noch einmal auf den Punkt gebracht werden: Innerhalb des Managementprozesses besitzt die Zielsetzung die Bedeutung einer „Primärfunktion“ (Steinmann/Schreyögg/Koch 2013, 11), das heißt, sie bestimmt in gewissem Sinne, welche Funktionen die nachfolgenden Schritte erfüllen müssen. Oder anders gewendet: Die „Unternehmensziele sind Maßstäbe, an denen unternehmerisches Handeln gemessen werden kann“ (Wöhe/Döring 2013, 66). Die Zielsetzung befindet sich im Zentrum des Managementprozesses, weil in ihr ein Ausgleich zwischen den ökonomischen, sozialen und ökologischen Interessen eines Unternehmens gefunden werden muss (Wöhe/Döring 2013, 67). Auch die Gewichtung zwischen individuellen Zielen wie der Zufriedenheit von Arbeitnehmern und kollektiven Zielen wie dem Wohlergehen der Organisation findet hier statt. Für das interkulturelle Management bedeutet das, schon bei der Zielsetzung muss ein Verständnis unter den Projektpartnern über folgende Punkte hergestellt werden:

- **Welche Relevanz besitzen die Ziele im Managementprozess?**

  → Klären Sie, ob es sich bei den Zielen nur um Anregungen handelt, um bald wieder andere Ziele formulieren zu können oder ob es feste Eckpunkte sind, die Ihr Unternehmen für eine längere Zeit begleiten werden.

- **Was bedeuten die Ziele?**

  → Achten Sie darauf, dass alle Beteiligten die Worte, in denen die Ziele formuliert sind, in dem gleichen Sinn verstehen.

- **Sind die Ziele umsetzbar?**

  → Wenn die Ziele bestimmten kulturellen Werten widersprechen, werden sie aller Wahrscheinlichkeit nach niemals umgesetzt werden.

- **Wie verbindlich sind die Ziele?**

  → Manche Ziele geben nur eine grobe Richtung vor und können schnell auch wieder verändert werden. Andere müssen dagegen unbedingt erreicht werden, wenn Ihr Unternehmen erfolgreich sein soll.

- **Welche Anforderungen werden an das Individuum gestellt?**

  → Achten Sie darauf, ob das Individuum die Ansprüche aus einer kulturellen Perspektive auch wirklich erfüllen kann oder ob sie im Widerspruch zu seinem Selbstverständnis stehen.

Wenn Ziele in einem interkulturellen Umfeld formuliert und festgesetzt werden sollen, dann kommt kulturelle Intelligenz ins Spiel. Sie benennt die Eigenschaften, die ein Manager oder Mitarbeiter besitzen sollte, um in einem interkulturellen Umfeld erfolgreich zu sein. Das im ersten Teil des Buches erläuterte Konzept der kulturellen Intelligenz mit seinen vier Dimensionen macht deutlich, dass nur dann kulturell intelligent gehandelt werden kann, wenn Wissen, Selbstreflexion, Motivation und Verhaltensänderungen ineinandergreifen. Natürlich kann es nicht Ihre Aufgabe als Manager sein, Ihre Mitarbeiter und Geschäftspartner in kultureller Intelligenz zu unterrichten. Aber als ein kulturell intelligenter Mensch wissen Sie, wie wichtig es ist, alle vier Dimensionen von kultureller Intelligenz nutzen zu können, um erfolgreich zu handeln. Ihre Aufgabe als Manager besteht also darin, es Ihren Mitarbeitern und Geschäftspartner zu ermöglichen, ebenfalls kulturell intelligent zu handeln, selbst wenn ihnen das Konzept unbekannt sein sollte. Wie kann das gelingen?

Die umfangreiche Forschung zu kultureller Intelligenz hat gezeigt, dass man nur dann kulturell intelligent handeln kann, wenn man über Wissen von anderen Kulturen also über die wichtigsten Unterscheidungsdimensionen zwischen den Kulturen und über die Cluster verfügt, denen sich Kulturen zuordnen lassen. Das kulturelle Wissen, das für das Formulieren von Zielsetzungen besonders relevant ist, umfasst die Unterscheidung von individualistischen und kollektivistischen Kulturen. In individualistischen Kulturen steht der Erfolg des Einzelnen im Vordergrund, dessen Ehrgeiz so gelenkt werden muss, dass er der Organisation zugutekommt. In kollektivistischen Kulturen will niemand gegen den Willen der Gruppe handeln. Hier müssen die Mitarbeiter dafür sensibilisiert werden, dass ihr persönliches Engagement nicht gegen die Gruppe gerichtet ist, sondern deren Erfolg sichert.

Mit einem Verständnis beider Arten von Kulturen im Hinterkopf wird verständlich, warum sich die Ziele von Unternehmen zwischen den Wirtschaftskulturen unterscheiden können. Indem kulturell intelligente Menschen ihre Entscheidungspartner über die Vielfalt kultureller Eigenarten aufklären, vermitteln sie ein Bewusstsein für die Vielfalt unterschiedlicher Wirtschaftsstile. Das Wissen um diese Vielfalt ermöglicht es zugleich, die Besonderheiten der eigenen Wirtschaftskultur besser zu verstehen und damit effektiver zu handeln. Mithilfe der oben formulierten Leitfragen ist es dann auch möglich, ein gemeinsames Verständnis für die festgesetzten Ziele zu erreichen und über Kulturgrenzen hinweg erfolgreich zu sein.

Obwohl die Intelligenz-Dimensionen der Motivation und des Verhaltens bei der Formulierung von Zielen noch keine explizite Rolle spielen, sollte der kulturell intelligente Manager trotzdem bereits in diesem ersten Schritt des Managementprozesses danach fragen, ob es möglich sein wird, alle involvierten Mitarbeiter später auch für die Umsetzung der Ziele zu motivieren. Es sollte überlegt werden, ob ihrer Umsetzung eine kulturelle Verhaltensveränderung bei den Mitarbeitern vorausgehen muss. Außerdem sollte geklärt werden, ob die angezielte Veränderung realistischerweise überhaupt eintreten kann. So wurde bereits deutlich, dass aus einem kollektivistisch denkenden Menschen aller Wahrscheinlichkeit nach kein Einzelkämpfer gemacht werden kann – schon gar nicht, wenn er dabei mit anderen Menschen aus seiner kollektivistischen Wirtschaftskultur zusammenarbeiten soll, denn dann müsste er sich ihnen gegenüber für sein Verhalten schämen.

Das Wichtigste zusammengefasst

Was muss getan werden, um Zielsetzungen im interkulturellen Kontext erfolgreich für alle Beteiligten zu formulieren? Zwei Aspekte spielen hier eine wichtige Rolle: (1.) Ihre eigenen Fähigkeiten, (2.) die Fähigkeiten Ihrer Kollegen und Geschäftspartner.

(1) Eigene Fähigkeiten

Informieren Sie sich über die kulturellen Besonderheiten in den Wirtschaftskulturen mit (beziehungsweise in) denen Sie agieren werden. Schauen Sie insbesondere nach dem Verhältnis, in dem Individuum und Kollektiv in der Kultur stehen. Daraus können Sie ableiten, welche Werte in den Zielfindungsprozess einfließen sollten. Zugleich weisen die Rolle, die Leistungsbereitschaft, die Durchsetzungsstärke sowie die beiden Formen von institutionellem und In-Gruppen-Kollektivismus in der fremden Kultur besitzen, darauf hin, welche Werte auch in den nachfolgenden Schritten des Managementprozesses besonders im Mittelpunkt stehen werden. Von der Verortung auf den Skalen der kulturellen Dimensionen hängt es nämlich auch ab, welche Herausforderungen eine konkrete Zielsetzung im weiteren Verlauf des Managementprozesses für Sie bedeuten wird. Wird die Zielsetzung im vollen Bewusstsein der kulturellen Besonderheiten von Wirtschaftskulturen durchgeführt, lassen sich Fehler vermeiden, die sich in späteren Schritten des Managementzirkels zu unüberwindbaren Hindernissen aufbauen könnten. Diese Überprüfung muss für alle Länder in Ihren Zielgebieten durchgeführen werden. Bewährt hat sich in diesem Zusammenhang die Visualisierung mit Hilfe einer tabellarischen Übersicht von Ländern, Zielen, der Ausprägung der genannten Dimensionen und der Indikation des Verbesserungsbedarfs in der Zielsetzung. Eine klare Visualisierung ermöglicht hier einen konstruktiven Dialog.

(2) Fähigkeiten Ihrer Mitarbeiter

Sobald Ihnen klar ist, auf welche Aspekte ein kulturell intelligenter Mensch achten sollte, können und sollten Sie durch Ihre Reflexionen und Hinweise auch andere Menschen in ihrem Unternehmen für die kulturellen Besonderheiten und die fundamentalen Werteunterschiede zwischen Kulturclustern sensibilisieren. Sollten Sie bemerken, dass die Mehrzahl der Beteiligten mit dem Umfang kultureller Unterschiede gänzlich unvertraut ist, dann sollten Sie die Möglichkeit eines kulturellen Trainings oder Coachings ins Spiel bringen. Auch der Impulsvortrag eines interkulturellen Management-Coaches über die noch unbekannte Zielkultur kann den Zielsetzungsprozess bereichern und helfen, Fehler zu vermeiden, die umso teurer werden, je später sie innerhalb des Managementprozesses korrigiert werden müssen. Ebenso hilft es, einen interkulturellen Experten im Team zu haben, der stets die Ziele vor dem Hintergrund seiner Expertise reflektiert und so einen wichtigen Beitrag für wirkungsvolle Ziele leistet.

Planung: Motivieren in allen Kulturen

Denn Planung ist nicht gleich Planung

Planung bildet den zweiten Schritt des Managementprozesses, wird in manchen Managementzirkeln aber auch gemeinsam mit der Zielsetzung als ein einziger Prozessschritt verstanden (Engelen/Tholen 2014, 94). Idealtypisch umfasst die Planung die „Entfaltung“ und „Auswahl“ von Handlungsoptionen, die geeignet sind, die gesetzten Ziele zu erreichen (Steinmann/Schreyögg/Koch 2013, 11). Als Schritt zwischen Zielsetzung und Entscheidung kann Planung auch verstanden werden als „die gedankliche Vorbereitung zielgerichteter Entscheidungen“ (Wöhe/Döring 2013, 73). Beide Beschreibungen lassen vermuten, dass die Planung einen sehr gründlichen und systematischen Arbeitsschritt darstellt, der viel Zeit in Anspruch nimmt und auf der Basis eines enormen Wissens und umfangreicher Erfahrungen stattfindet. Ein Blick in die empirische Managementliteratur zeigt allerdings das Gegenteil (Mintzberg 2010).

In der empirischen Managementliteratur wird deutlich, dass Manager häufig kurzfristig planen müssen, weil ihre Planungen von der Wirklichkeit immer wieder in Frage gestellt und deswegen angepasst werden müssen. Das Ideal einer Planung, die alle handlungswirksamen Parameter und Einflussfaktoren kontrollieren kann, ist damit denkbar weit von der Wirklichkeit entfernt (Mintzberg 1995, 243). Falls dieses Planungsideal historisch irgendwann einmal der Wirklichkeit entsprochen haben sollte (und es lässt sich vermuten, dass das niemals der Fall war), so sollte es auf jeden Fall heute keines mehr sein. Zwar spricht nichts gegen gründliche Analysen und gegen die Beschaffung vieler Informationen.

Aber ein Plan, der eine perfekt ausformulierte Handlungsoption anbietet und nicht die Geschwindigkeit von Wandel und Veränderung mit einplant, wird an der Dynamik der Wirklichkeit zerschellen.

Stattdessen sollte Planung das Unabwägbare mit in die Planung einbeziehen und das heißt, die Verantwortung, die Informationsbeschaffung und die Kontrolle auf viele Schultern verteilen. Das Stichwort hierfür lautet: postheroisches Management und wir haben uns andernorts bereits vertieft damit auseinandergesetzt.

Für den Managementschritt der Planung heißt das, dass eine der wichtigsten Voraussetzungen für ein erfolgreiches Durchlaufen des Managementprozesses darin besteht, dass er von allen Beteiligten mit voller Kraft unterstützt wird. Nur durch kollektive Anstrengungen kann es Organisationen gelingen, sich in hoch komplexen Umwelten zu behaupten (Baecker 2012). Wir nehmen diese Beobachtung zum Anlass, uns im Rahmen der Analyse des Planungsschritts auf die Darstellung von interkultureller Motivation zu konzentrieren. Denn wenn in der Planung nicht die Motivation aller Beteiligten mit bedacht wird, dann wird das gesetzte Ziel nicht erreicht und dann ist überhaupt nicht daran zu denken, das Wissen und die Erfahrungen aller Beteiligten kombinieren zu können. Und ohne diesen Schritt ist es einfach nicht möglich, ein unternehmerisches Ziel angesichts der Komplexität und Unvorhersehbarkeit der Unternehmensumwelt, der Mitbewerber, Kunden und Geschäftspartner zu erreichen. In der Praxis kann es den eigenen Intuitionen entgegenlaufen, Menschen aus anderen Wirtschaftskulturen richtig zu motivieren, aber wir wollen Ihnen zeigen, worauf Sie dabei achten müssen und wie es Ihnen dennoch gelingen kann.

Kulturell sensibel motivieren

Die Motivation, also der Wunsch und Wille einer Person, eine bestimmte Tätigkeit durchzuführen, hängt von zwei Bedingungen ab: der intrinsischen Motivation aus der Person selbst heraus und der extrinsischen Motivation durch den Situationskontext (Comelli/Rosenstiel/Nerdinger 2014, 6). Idealerweise kommen in der Realität beide Motivationsdimensionen zusammen und sorgen so dafür, dass eine Person Freude an ihrer Arbeit hat und durch sie Erfüllung, Bestätigung und Zufriedenheit findet. Die Kunst der betrieblichen Motivation besteht nun darin, diejenigen Anreize zu finden, durch die die intrinsische wie die extrinsische Motivation befördert werden. Im Planungsschritt des Managementprozesses sollte auf diese Motivationsfaktoren geachtet werden, denn sie entscheiden letztlich darüber, ob ein gesetztes Ziel auch erreicht werden kann.

> Anreize wie eine mögliche Auszeichnung als Mitarbeiter des Monats sind nur für Menschen aus denjenigen Kulturen interessant, in denen individuelle Durchsetzungsstärke eine besondere Bedeutung besitzt.

Wo Individualität dagegen als eine Bedrohung für die Gemeinschaft abgelehnt wird, muss ein anderer Plan gefasst werden, um eine Produktivitätssteigerung verwirklichen zu können (Comelli/Rosenstiel/Nerdinger 2014, 9).

Die Unterscheidung von Individualismus (Durchsetzungsstärke) und Kollektivismus (institutioneller und In-Gruppen-Kollektivismus) spielt also auch hier wieder eine entscheidende Rolle. Aber keine Sorge, wir werden sie nicht in jedem Kapitel erneut diskutieren, sondern verweisen auf die Erklärungen, die wir im Kapitel *Ziele an Kulturdimensionen ausrichten* gegeben haben. Auch die Frage nach der Bedeutung der Leistungsorientierung in einer Kultur ist wichtig für die interkulturelle Motivation. Aber auch diese haben wir oben bereits erläutert.

Der Grund, warum die genannten kulturellen Dimensionen wichtig für die Motivation von Menschen sind, ist schlicht der, dass alle Menschen „angeborene biologische Bedürfnisse nach Akzeptanz und Beachtung“ (Comelli/Rosenstiel/Nerdinger 2014, 12) besitzen. Welches Verhalten Zuwendung und Anerkennung durch andere verspricht, lernen wir schon von der frühesten Kindheit an. Weil das Wissen um die Codes und Regeln, die in der eigenen Gesellschaft gelten, überlebensnotwendig sind, deswegen ist es kaum mehr möglich, sie im späteren Alter zu verändern, denn sie haben sich dann schon zu tief in die Persönlichkeit eingegraben. Gehen Sie in ihrer Arbeit mit Menschen aus anderen Kulturen also nicht davon aus, diese Menschen ändern zu können. Sie können sich aber öffnen für deren Eigenarten und Perspektiven auf die Welt. Falls Ihre fremden Geschäftspartner dasselbe tun und sich auch öffnen und auf Sie einlassen, dann haben Sie gute Chancen, dass Ihre Zusammenarbeit erfolgreich verlaufen wird. Obwohl sich durch den interkulturellen Kontakt alle Perspektiven verändern werden, wird dennoch keiner der Beteiligten seine kulturellen Besonderheiten verlieren. Sie werden sich dieser Besonderheiten nur bewusst und können reflektierter mit ihnen umgehen. Verlieren werden Sie die Prägungen nie, die Ihre Kultur Ihnen mit auf den Lebensweg gegeben hat. Und so geht es auch allen Menschen, mit denen Sie interkulturell irgendwann einmal in Kontakt kommen werden. An einer Beschäftigung mit den motivationalen Eigenarten ihrer Mitarbeiter auf der Basis deren Wirtschaftskulturen führt deswegen kein Weg vorbei (Steinmann/Schreyögg/Koch 2013, 495).

Zwei weitere kulturelle Dimensionen, an die Sie bei der Motivation über kulturelle Grenzen hinweg unbedingt denken sollten, sind die humane Orientierung und die Zukunftsorientierung. Ermitteln Sie mithilfe der kulturellen Cluster der GLOBE-Studie, ob es wahrscheinlich ist, dass Ihre Geschäftspartner hohe Werte in beiden kulturellen Dimensionen haben. Der Grad einer Wirtschaftskultur an humaner Orientierung gibt an, wie sehr großzügiges oder sogar selbstloses Verhalten im Umgang der Menschen miteinander eine Rolle spielt (Kabasakal/Bodur 2004, 569). Es wird vermutet, dass die humane Orientierung in einer Gesellschaft eine direkte Auswirkung auf die Lebensqualität hat, denn ein schützendes soziales Netzwerk verringert Stress und Unsicherheit.

In Wirtschaftskulturen mit einer starken humanen Orientierung spielen Familien und Gastfreundschaft gegenüber Fremden eine wichtige Rolle.

Für die Motivation bedeutet das, dass Menschen durch die Zugehörigkeit zu einer Gruppe motiviert werden, wohingegen es in Kulturen mit einer geringen humanen Orientierung eher Macht und materieller Besitz sind, die Menschen zum Handeln antreiben (Kabasakal/Bodur 2004, 570). Hier wird deutlich, dass auch bei der humanen Orientierung wieder die Unterscheidung zwischen individualistischen und kollektivistischen Gesellschaften eine Rolle spielt. Die Bedeutung dieser Unterscheidung kann deswegen auch gar nicht stark genug betont werden.

Neben der humanen Orientierung spielt auch die Zukunftsorientierung einer Wirtschaftskultur eine besonders wichtige Rolle für die Planung in Unternehmen. In einer Kultur, die langfristig denkt und handelt, können auch komplexe Ziele ins Auge gefasst werden. Hier können die Menschen damit umgehen, dass ihr Erfolg nicht in einer schon nach kurzer Zeit spürbaren Belohnung besteht, sondern vielleicht erst nach Jahren wirksam wird. Umgekehrt müssen Menschen aus kulturellen Clustern ohne eine starke Zukunftsorientierung durch kurzfristigere Anreize zum Handeln motiviert werden. Anstatt des großen Gesamtziels empfiehlt es sich hier, lieber eine kleinschrittige Zielsetzung mit direkt sichtbaren Erfolgen anzugehen.

Wie wichtig Zukunftsorientierung für die Motivation ist, zeigt das Gedankenexperiment eines Menschen ohne Zukunftsorientierung: Er würde allein im Hier und Jetzt leben, sodass er für eine planende Arbeit überhaupt nicht zu gewinnen wäre, weil dafür ja in die Zukunft gedacht werden müsste.

Erst ein Bewusstsein von der Zukunft ermöglicht es, sich Ziele zu setzen und die Kraft zu finden, dafür zu arbeiten, dass diese Ziele später eintreten (Ashkanasy/Gupta/Mayfield/Trevor-Roberts 2004, 299).

Letztlich sollten Sie aber stets alle neun Kulturdimensionen bei Ihrem Handeln bedenken. Falls Sie nicht mehr alle Dimensionen im Kopf haben, dann schauen Sie einfach in Kapitel 2.2.3 im Theorieteil unseres Buches nach oder lesen Sie einfach weiter, denn auch im Praxisteil kommen wir auf alle Kulturdimensionen nach und nach zu sprechen. Wie wichtig auch diejenigen Kulturdimensionen sein können, die auf den ersten Blick nebensächlich erscheinen mögen, soll ein Blick auf die individuelle Durchsetzungsstärke im Bereich der Motivation veranschaulichen. Eine hohe Durchsetzungsstärke kann zu einem Problem für die Motivation werden, wenn eine erfolgreiche Person aus einer kompetitiven Kultur eine Tätigkeit übernimmt, die keine Möglichkeit bietet, das eigene Wettbewerbsbedürfnis zu befriedigen: Wirtschaftlicher Erfolg wird in individualistischen Kulturen, in denen Durchsetzungsstärke hoch geachtet wird, durch gute Zahlen beim Gewinn oder bei der Produktivität gemessen. Nimmt eine erfolgsverwöhnte Person aus dieser Wirtschaftskultur eine Tätigkeitsposition an, bei der keine Zahlen als Spiegel der eigenen Leistungsfähigkeit dienen, kann sie schnell die Motivation verlieren oder gar verzweifeln (Brislin et al. 1986, 152f). Dass erfolgreiche und ehrgeizige Menschen ihre Selbstachtung häufig zu sehr aus beruflicher Anerkennung und Selbstbestätigung erfahren, können wir hier auch nur am Rande erwähnen. Gerade die Motivation dieser Menschen kann unter den

Bedingungen einer kollektivistischen und wenig an Leistungsfähigkeit orientierten Wirtschaftskultur aber schnell leiden, sodass sie deswegen vielleicht sogar ihren Auslandsaufenthalt abbrechen. Auch daran sollten Sie bei Ihren Personalplanungen denken.

Aber trotz der Unterschiede zwischen den Wirtschaftskulturen müssen Sie sich keine Sorgen machen: Planung und Motivation finden in allen Kulturen statt. Nur unterscheiden sich die Techniken und die realistisch zu erreichenden Ziele voneinander.

In individualistischen Gesellschaften sind es Macht, soziale Alleinstellung und materieller Reichtum für den Einzelnen, die besonders motivierend sind. In kollektivistischen Gesellschaften sind es dagegen die Anerkennung der Gruppe und Akzeptanz in der Gruppe, die für Menschen bedeutsam sind.

Mit Blick auf die Ziele sind bestimmte kapitalistische Höchstleistungen in Gesellschaften, die großen Wert auf humane Orientierung legen oder eine geringe Zukunftsorientierung aufweisen eher nicht möglich. Das ist dann auch nicht durch eine falsche Motivationstechnik hervorgerufen. In Wirtschaftskulturen, die keinen großen Wert auf Zukunftsorientierung legen, spielt wirtschaftlicher Erfolg keine so große Rolle, sodass Sie hier einfach nicht mit einer hohen Leistungs- oder gar Selbstausbeutungsbereitschaft Ihrer Mitarbeiter rechnen können. Bei geringer Zukunftsorientierung besteht auch eine geringere intrinsische Motivation für langfristige Projekte und die Planung sollte allgemein über kürzere Zeiträume hinweg stattfinden (Ashkanasy/Gupta/Mayfield/Trevor-Roberts 2004, 302).

Kulturelle Intelligenz verbindet intrinsische und extrinsische Motivation

Kulturelle Intelligenz bemisst die individuelle Fähigkeit, erfolgreich in interkulturellen Kontexten funktionieren zu können. Für Manager stellt sie damit die Schlüsselkompetenz im Meistern interkultureller Situationen dar. Die kulturellen Differenzen, die in diesem und im vorangegangenen Kapitel erläutert wurden, machen deutlich, dass kulturell intelligente Menschen um die kulturellen Cluster und ihre Eigenschaften wissen müssen. Erst dann können sie verstehen, wie sehr sich die Wirtschaftskulturen zwischen verschiedenen Ländern unterscheiden. Das Wissen um das Konzept der kulturellen Intelligenz zeigt Ihnen darüber hinaus die Wichtigkeit der Motivation für das Bewältigen interkultureller Situationen. Diese Motivation brauchen Sie als Manager im Umgang mit Mitarbeitern und Geschäftspartnern aus fremden Kulturen und diese Motivation brauchen Ihre Mitarbeiter, wenn sie die Unternehmensziele erreichen sollen. In Ihren Planungen von Managementprozessen sollten Sie das berücksichtigen. Dabei können Sie im Hinterkopf behalten, dass extrinsische motivationale Faktoren wie ein hohes Einkommen überall auf der Welt die Motivation verbessern (Engelen/Tholen 2014, 173f). Für den langfristigen Erfolg entscheidend ist aber die intrinsische Motivation und sie unterscheidet sich zwischen den Kulturen. Die Beantwortung einiger einfacher Fragen hilft Ihnen, sich ein Bild darüber zu machen, mit welchen Bedingungen Ihre Planungen rechnen sollten.

Um die Möglichkeiten von Planungen in einer Kultur abzuschätzen, helfen folgende Fragen:

- **Besitzt die fremde Wirtschaftskultur eine starke oder eine schwache Zukunftsorientierung?**

  → Falls sie schwach ist, dann wird die erfolgreiche Umsetzung langfristiger Planungen unwahrscheinlicher.

- **Wird Unsicherheit in der Kultur eher vermieden oder eher ausgehalten?**

  → Falls Unsicherheit vermieden wird, führt das meist zu detaillierteren und verbindlicheren Planungen. Ohne starke Unsicherheitsvermeidung werden Pläne manchmal nur als Rahmenrichtlinien verstanden.

Im Hinblick auf die Motivation Ihrer Mitarbeiter, sollten Sie fragen:

- **Sind Ihre Mitarbeiter stark auf die Zukunft orientiert?**

  → Falls das nicht der Fall ist, müssen die kurzfristigen Planungen durch kurzfristige Anreize unterstützt werden, weil die Menschen dann eher weniger intrinsisch motiviert sind.

- **Planen Sie in einer eher individualistischen oder eher kollektivistischen Kultur?**

  → Macht und Geld funktionieren vor allem in individualistischen Kulturen als Motivatoren. Bei kollektivistischen Kulturen motiviert die Gruppenanerkennung.

- **Lässt sich durch eine stärker fragmentierte Vorgehensweise in der Zielformulierung eine erhöhte Motivation erzielen?**

  → Wenn möglich können Sie auch geschickt mehrere Motivationsstrategien in einem einzigen Konzept miteinander verknüpfen. Damit sprechen Sie zugleich Mitarbeiter aus verschiedenen Kulturen an.

- **Wie kann ich eine kulturorientierte Ziellandkarte entwickeln?**

→ Eine auf ihr Projekt zugeschnittene Systematisierung kultureller Unterschiede schafft Übersicht und hilft Ihnen zu kommunizieren erspart ihnen langfristig viel Arbeit.

Kulturelle Intelligenz lehrt darüber hinaus, dass zur erfolgreichen Handlung die Fähigkeit gehört, Einsichten auch umsetzen zu können. Wissen und Reflexion sind nur die ersten, noch unfertigen Schritte. Erst die Durchführung einer interkulturellen Planung bringt die Erfahrungen, die es Ihnen ermöglicht, sich erfolgreich in einem interkulturellen Setting zu bewegen. Damit dabei aber keine unnötigen Fehler passieren, ist es wichtig, mit allen Beteiligten in engem Austausch und Dialog zu stehen. Nur so wird deutlich, welche Einstellung die Mitarbeiter zu Planungen haben, wie sehr ihnen die Gruppenzugehörigkeit wichtig ist und so weiter. Gerade als Führungskraft sollten Sie dabei auf informelle Gespräche und indirekte Fragen setzen, sonst werden Sie vielfach nur die Antworten erhalten, von denen ihre Gesprächspartner glauben, dass Sie sie hören wollen. Fragen Sie anstatt nach der Einschätzung Ihrer Mitarbeiter zu aktuellen Planungen besser nach deren Erfahrungen mit früheren Zielsetzungen und Planungen. Dann erfahren Sie das bislang übliche Vorgehen und bekommen weniger Wunschdenken, sondern mehr tatsächliche Erlebnisse zu hören. Selbstverständlich können Sie als Führungskraft von den üblichen Planungsstrategien in der Gastkultur auch abweichen und neue Umgangsformen etablieren, beachten Sie aber, dass die Tiefe, mit der Menschen durch kulturelle Überzeugungen geprägt werden, Ihnen enge Grenzen für Veränderungen setzen werden. In jedem Fall werden Sie darüber hinaus einen langen Atem brauchen und viel Überzeugungsarbeit leisten müssen, um vertraute Einstellungen und Verhaltensweisen zu verändern.

Das Wichtigste zusammengefasst

Die Wirklichkeit ist zu komplex, um durchgeplant werden zu können. Umso wichtiger ist es, darauf zu achten, stets die Leidenschaft und die Motivation aller Beteiligten im Boot zu haben, um gut auf Abweichungen von Planungen reagieren zu können. Das gilt auch dann, wenn Mitarbeiter in Planungen überhaupt nicht eingebunden werden: Selbst dann sind es die Mitarbeiter, in deren Händen die Verwirklichung der Pläne liegt. Wird im Planungsschritt zu wenig darauf geachtet, dass die Mitarbeiter für die Umsetzung motiviert werden, dann kann die Ausführung nicht gelingen.

Wichtige Kulturdimensionen beeinflussen die Möglichkeiten, die Sie haben, um Motivation zu erzeugen. In einer individualistischen Wirtschaftskultur können Menschen leicht durch Geld, Macht und die Aussicht auf

Selbstverwirklichung motiviert werden. In einer kollektivistischen Kultur sind es eher die Anerkennung in der Gruppe und das Wohlergehen der Gruppe, die für Motivation sorgen. Im Fall einer Wirtschaftskultur mit starker humaner Orientierung sind es darüber hinaus auch Solidarität und Respekt für andere, die Menschen dazu bringen zu handeln. Wo die humane Orientierung weniger stark ausgeprägt ist, sollten Sie eher extrinsische Motivatoren wie materiellen Besitz nutzen. Auch der Grad der Zukunftsorientierung einer Wirtschaftskultur spielt eine wichtige Rolle. Wo er hoch ist, können leicht auch langfristige Ziele angepeilt werden, weil die Mitarbeiter dann auch damit umgehen können, dass die Belohnung für ein erreichtes Ziel erst deutlich später erlebt wird. Fehlt eine starke Zukunftsorientierung, dann sollten die Planungen eher mit kurzfristig erreichbaren Zielen arbeiten. Andernfalls wird es schwer, die Mitarbeiter zu kontinuierlicher Arbeit zu motivieren.

Rational entscheiden: Relativ zur Kultur

Es gibt mehr als eine Rationalität

Im Anschluss an die Planungen werden Entscheidungen getroffen. Das heißt, ein Plan wird als derjenige ausgewählt, der umgesetzt werden soll. Dafür muss abgewogen werden, welche Argumente für die Durchführung des einen oder des anderen Plans sprechen. So wird deutlich: Planungen und Entscheidungen gehen oft Hand in Hand. Auch in der interkulturellen Praxis können beide Managementschritte nicht immer scharf voneinander getrennt werden. Viele interkulturelle Aspekte, die den einen Schritt betreffen, sind auch für den anderen Schritt von Bedeutung. Aus diesem Grund sollten die Kapitel zur Planung und zur Entscheidung auch als komplementäre Kapitel gelesen werden. Insbesondere alle Aussagen zur Entscheidungsrationalität sind unmittelbar auch für die Planungsphase im Managementprozess relevant.

So entscheiden Sie rational – oder doch nicht?!

Oft verstehen sich westliche Manager als Menschen, die sachlich abwägen können, die alle persönlichen und moralischen Aspekte im wirtschaftlichen Handeln ausblenden und dadurch in der Lage sind, optimale Entscheidungen zu treffen. In der Fachsprache wird von zweckrationalem Handeln gesprochen. Bereits in den 1960er Jahren kamen ernste Zweifel daran auf, dass es sich bei dieser Art des Handelns um die einzig richtige Rationalität handelt (Lee 2011). Und tatsächlich ist das zweckrationale Handeln einer scheinbar umfassenden Rationalität das Ergebnis einer ideologischen Blindheit und ein Blick auf die interkulturellen Hintergründe des Entscheidens macht deutlich, warum das so ist.

Vergegenwärtigen wir uns noch einmal, was der Anspruch vollständiger Rationalität ist: Vollständige Rationalität geht davon aus, dass es in jeder Handlungssituation nur eine einzige richtige Entscheidung gibt. Sie zieht alle relevanten Erkenntnisse über die Situation und die Handlungsfolgen in Betracht und wägt sie neutral und nur mit den Mitteln der Logik ab, bevor sie die beste Entscheidung trifft. Wir sehen, dass rationales Entscheiden drei Bestandteile hat: Zuerst bedarf es eines Wissens über die Situation, die Handlungsoptionen und die Handlungsfolgen. Als Zweites wird dieses Wissen mithilfe der Logik geordnet. Drittens wird am Ende die logisch beste Entscheidung getroffen.

An dieser kurzen Analyse wird schon deutlich, dass es vollständige Rationalität nicht geben kann – und zwar aufgrund von Problemen bei jedem ihrer drei Bestandteile: Erstens ist es nicht möglich, alle Bedingungen einer Handlungssituation zu kennen.

> Wir können schlicht nicht alles wissen. Die zahlreichen unbekannten Bestandteile von Handlungssituationen machen es unmöglich, vollständig rational zu handeln. Ist es schon unmöglich, in komplexen Situationen alle relevanten Einflüsse zu ermitteln, so ist es erst recht völlig ausgeschlossen, die Handlungsfolgen abzuschätzen, die aus einer Entscheidung resultieren.

Als Zweites ist es problematisch, das angesammelte Wissen rein logisch zu ordnen. Eine streng logische Ordnung gibt es nur dort, wo alle Erkenntnisse vergleichbar sind und wie Zahlen in ein Verhältnis zueinander gebracht werden können. In der Wirklichkeit ist das nur selten möglich. Wie würden Sie zum Beispiel den Wegfall von Arbeitsplätzen, den Rückgang des Umsatzes, die Zunahme der Eigenkapitalrendite und die Konzentration auf das Kerngeschäft in eine Rangordnung bringen? Eine gleichwertige und rein logische Bewertung der Sachlage ist in komplexen Situationen nicht möglich. Eine Orientierung an Grundsatzentscheidungen, vergangenen Erfahrungen und Handlungsprinzipien ist also notwendig. Sind diese Orientierungshilfen aber vollständig rational? Natürlich nicht. Deutlich wird das auch am dritten Bestandteil: der eigentlichen Entscheidung. Um zu wissen, was die beste Entscheidung ist, muss klar sein, was die übergreifenden Ziele eines Unternehmens sind. Diese Ziele werden häufig gesetzt und können gar nicht rein rational ermittelt werden, denn immer sehen sich Unternehmen verschiedenen Ansprüchen von Stakeholdern (Kooperationspartnern) und Shareholdern (Eigentümern) ausgesetzt, die niemals vollständig miteinander versöhnt werden können. Müssten Sie zum Beispiel wie Apple Anfang der 2000er Jahre über den Aufbau eines eigenen Filialnetzes entscheiden, nachdem der Onlinehandel gerade zu boomen begonnen hat (Engelen/Tholen 2014, 112): Würden

Sie dann die Profite Ihrer Firma dem Risiko aussetzen, einem antiquierten Prestigeobjekt geopfert zu werden, durch das sie hochpreisige Innenstadtflächen mieten und teures Personal einstellen müssen, ohne darauf hoffen zu können, dass der stationäre Handel in der Zukunft noch einmal anziehen wird? Die Entscheidung Apples, tatsächlich ein Filialnetz aufzubauen, war extrem erfolgreich und der Konzern hat damit riesige Summen verdient. Aber war sie auch rational?

Die Überlegungen zeigen, dass vollständige Rationalität ein Traum ist. Und vielleicht nicht einmal ein schöner Traum.

Denn wer der Fantasie der umfassenden Rationalität nachhängt, der ist blind für die Gewohnheiten, Gedanken und Gefühle, die sein Handeln wirklich lenken. Diese Blindheit gegenüber der eigenen Weltsicht zu beenden, ist aber gerade die Stärke der kulturellen Intelligenz.

Die kulturelle Intelligenz hilft zu verstehen, dass es in der Wirklichkeit keine umfassende, sondern nur begrenzte Rationalität(en) gibt. Rational zu handeln, bedeutet dann, die Grenzen und Beschränkungen des eigenen Wissens zu reflektieren, die eigenen Interessen, Gewohnheiten und Überzeugungen sowie die Prinzipien und Überlegungen zu kennen, auf deren Grundlage man gemeinhin entscheidet. Viele dieser Aspekte finden natürlich unbewusst statt und es ist nicht möglich, sich selbst bis ins kleinste Detail zu kennen. Kulturelle Intelligenz hilft aber dabei, sich selbst besser kennenzulernen, weil sie zu verstehen hilft, in welchen Aspekten sich Kulturen voneinander unterscheiden.

Die kulturellen Besonderheiten im rationalen Handeln sind so groß, dass wir nicht nur von einer Rationalität, sondern von verschiedenen Rationalitäten sprechen sollten. Was für einen Manager rational ist, bestimmt sich fast immer über die Eigenheiten der jeweiligen Wirtschaftskultur. Wird beispielsweise eine wichtige Unternehmensposition neu besetzt, dann stellt die Auswahl gemäß der höchsten Abschlussnote der besten Universität nur eine Möglichkeit dar, den besten Bewerber zu ermitteln. Andere Kriterien könnten die Dauer der Arbeitserfahrung sein oder das Ansehen, das die Eltern oder die Familie des Bewerbers genießen. Auch die passende Religion des Bewerbers kann in traditionalen Gesellschaften ein sehr rationales Auswahlkriterium darstellen, ebenso wie die Frage, wie sehr die bisherige Unternehmensleitung der Person vertrauen kann, ob sie in der Politik des Landes gut vernetzt ist oder sie unter ihren zukünftigen Mitarbeitern auf Sympathie treffen (Thomas/Inkson 2003, 84). Auswahlkriterien wie ein göttliches Zeichen oder die bloße Willkür seitens der Auswahlkommission würden wir vielleicht weniger als Kriterien akzeptieren, aber Ersteres bildet etwa im Fall der Wahl des Dalai Lama durchaus eine Entscheidungsgrundlage und Letzteres mag gelegentlich der einzige plausible Grund sein, wenn eine völlig unverständliche Entscheidungen getroffen wurde, wie es in vielen Organisationen von Zeit zu Zeit leider immer wieder der Fall ist.

Soll verstanden werden, wie Entscheidungen tatsächlich zustande kommen, darf nicht der oberflächlichen Erklärung geglaubt werden, dass rein sachlich und rational entschieden wurde. Stets beeinflussen kulturelle Eigenarten die Art und Weise, in der Individuen und Organisationen entscheiden. Die metakognitive Dimension der kulturellen Intelligenz macht deutlich, wie wichtig es ist, selbstreflexiv zu handeln und sensibel zu sein für die unausgesprochenen und manchmal auch erst auf den zweiten Blick erkennbaren Besonderheiten der eigenen und fremder Kulturen.

Kulturelle Intelligenz hilft damit zu entdecken, welche Eigenarten und Konventionen in vermeintlich rationale Entscheidungen einfließen.

Zu diesen Eigenarten gehören im Westen gerade auch diejenigen Entscheidungsmotive, die offiziell gar nicht hätten ausschlaggebend sein dürfen, wie persönliche Sympathie und ein umfangreiches soziales Netzwerk des Bewerbers, anstatt dessen Leistungen und Fähigkeiten im relevanten Tätigkeitsgebiet. Dass die genannten Aspekte in Entscheidungen einfließen, ist nicht schlimm, sondern in vielen Fällen sogar sehr sinnvoll. Problematisch wird es allerdings dort, wo Sie glauben, allein rational entschieden zu haben, obwohl das nicht der Fall war. Denn dann sind Sie nicht sensibel dafür, dass Ihre eigenen Entscheidungen genauso kulturell beeinflusst sind, wie diejenigen ihrer Kollegen aus anderen Wirtschaftskulturen. Falls Sie das übersehen, kann es Ihnen leicht passieren, anderen Irrationalität vorzuwerfen, obwohl auch Sie selbst nicht mit vollständiger Rationalität entscheiden – weil es schlicht gar nicht menschenmöglich ist, vollständig rational zu entscheiden. Ihre Kollegen würden sich in diesem Fall zu Recht darüber beschweren, dass hier mit zweierlei Maßstäben gemessen wird.

> Aber Achtung: Wir sagen keinesfalls, dass Entscheidungen willkürlich getroffen werden sollten. Jede Kultur hat ihre Prinzipien und Ideale darüber, wie gute Entscheidungen getroffen werden sollten. Es ist aber wichtig zu verstehen, dass es fast immer nicht nur eine einzige richtige Entscheidung gibt.

Verschiedene Entscheidungen können gleich richtig sein und es ist eine der wichtigsten Aufgaben eines Managers, Entscheidungen unter Risiko und Unsicherheit zu treffen, sodass immer mehrere Entscheidungsalternativen existieren. Mit dem Stichwort Unsicherheit ist eine Kulturdimension angesprochen, die im Kapitel zur Planung schon kurz angeschnitten wurde. Im nächsten Unterkapitel zur Interkulturalität von Entscheidungen stellen wir sie genauer vor.

Unsicherheitsvermeidung prägt Entscheidungen

Bevor wir die Dimension der Unsicherheitsvermeidung erklären, noch eine kurze Anmerkung: Es überrascht nicht, dass auch der Prozessschritt der Entscheidung stark dadurch geprägt ist, ob es sich eher um eine kollektivistische oder um eine individualistische Wirtschaftskultur handelt (Thomas/Inkson 2003, 88f). In kollektivistischen Kulturen ist es kaum möglich, Entscheidungen allein einer einzigen Führungskraft treffen zu lassen. Aber auch in individualistischen Wirtschaftskulturen werden die Mitarbeiter nicht begeistert sein, wenn sie vor vollendete Tatsachen gestellt werden, ohne in den Prozess der Planung und Entscheidungsfindung eingebunden worden zu sein. Denn auch hier müssen alle Mitarbeiter an einem Strang ziehen, damit Entscheidungen erfolgreich umgesetzt werden können. Und das gelingt nur, wenn alle Beteiligten dazu motiviert sind, die Entscheidung umzusetzen. Wie im letzten Kapitel gezeigt, ist der motivationale Aspekt von Planungen deswegen besonders wichtig. In kollektivistischen Wirtschaftskulturen ist es noch einmal wichtiger als in individualistischen, dass so viele Betroffene wie möglich vorab in die Planung eingebunden wurden und das heißt, dass sie die Entscheidung mitgestalten konnten. Ohne das Einverständnis der Gruppe – also des Teams, der Abteilung oder der Organisation – ist es in kollektivistischen Wirtschaftskulturen nicht möglich, Entscheidungen auch umzusetzen. Die Zustimmung von Gruppen zu erhalten, kann allerdings sehr mühselig sein, gerade wenn das in interkulturellen Situationen geschehen muss. Alle Manager, die ins Ausland gehen, müssen sich dieser besonderen Herausforderung bewusst sein.

Die Unterscheidung zwischen individualistischen und kollektivistischen Wirtschaftskulturen haben wir am Beginn des Praxisteils schon ausführlich dargestellt. Deswegen soll das Augenmerk im Folgenden auf der Unsicherheitsvermeidung liegen, die stark die Rationalität beeinflusst, durch die Entscheidungen in verschiedenen Wirtschaftskulturen getroffen werden. Im vorangegangenen Kapitel zur Planung haben wir bereits erwähnt, dass Kulturen mit einer starken Tendenz zur Vermeidung von Unsicherheiten zur genauen Umsetzung detaillierter Pläne neigen. In Kulturen mit der entgegengesetzten Tendenz werden Planungen dagegen weniger detailliert ausgeführt und eher als Richtwerte anstatt als konkrete Handlungsanweisungen betrachtet. Was bedeutet es aber, wenn eine Wirtschaftskultur dazu tendiert, Unsicherheiten zu vermeiden?

Unsicherheitsvermeidung ist eine komplexe Kategorie in der interkulturellen Forschung und lässt sich nicht auf eine einzige Eigenschaft reduzieren. Menschen, die Unsicherheiten zu vermeiden suchen, halten Ordnung, Folgerichtigkeit und die Struktur formalisierter Prozesse für wichtig. Auf der anderen Seite zeichnen sich Menschen, die Unsicherheiten kaum vermeiden, dadurch aus, gut mit Ambivalenz und Uneindeutigkeit umgehen zu können (Sully de Luque/Javidan 2004, 603). Aus der Perspektive der Persönlichkeitspsychologie bedeutet das, dass Menschen mit einem großen Bedürfnis zur Unsicherheitsvermeidung eher zu Angst, Stress und Neurotizität neigen. Letzteres bildet eine der Persönlichkeitseigenschaften des Fünf-Faktoren-Modell, besser bekannt als Big Five. Neurotizität und Ängstlichkeit gehen mit einem gesteigerten Sicherheitsbedürfnis und einer Tendenz zu einem geringen Selbstbewusstsein und emotionaler Instabilität einher (Ang/Van Dyne/Koh 2006). Interessant ist darüber hinaus die Entdeckung, dass Menschen mit einem geringen Bedürfnis, Unsicherheit zu vermeiden, subjektiv zufriedener sind (Sully de Luque/Javidan 2004, 604). Im Bereich des Kommunikationsverhaltens suchen Menschen mit einer größeren Unsicherheitstoleranz stärker nach Feedback über sich und ihre Arbeit und können mit ihm auch konstruktiver Umgehen als Menschen mit einer geringeren Unsicherheitstoleranz.

Diese Charakterisierung liest sich wahrscheinlich wie eine Abwertung derjenigen Wirtschaftskulturen, die recht stark unsicherheitsvermeidend sind, wie etwa die Wirtschaftskulturen des germanischen Kulturcluster. Allerdings würden Sie uns missverstehen, wenn Sie jetzt behaupten, wir hätten deutsche Manager als unsichere, ängstliche und unglückliche Menschen bezeichnet, nur weil sie die Tendenz haben, ihre Aufgaben mithilfe detaillierter Pläne zu bewältigen. Die interkulturelle Forschung will keine Wertungen aufstellen und schon gar nicht will sie die Leistungsfähigkeit oder die Zufriedenheit der Menschen in einer Gesellschaft über ihre kulturellen Eigenarten bestimmen. Und am wenigsten will sie sagen, dass eine bestimmte Wirtschaftskultur gut oder schlecht oder so und nicht anders sei und sich auch nie verändern werde. Interkulturelle Forschung bewertet Kulturen nicht und unterscheidet deswegen auch nicht zwischen vermeintlich besseren und schlechteren Kulturen, sondern sie will kulturell bedingtes Verhalten verstehen. Glücklich und unglücklich können die Menschen in Kulturen mit viel und mit wenig Unsicherheitsvermeidung sein. Das Gleiche gilt für Reichtum und Armut. Auch sie sind nicht auf bestimmte Kulturen beschränkt. In allen Kulturen wollen Menschen zufrieden sein, in Sicherheit leben und keine Existenzängste haben müssen. Der Unterschied zwischen den Kulturen besteht nur darin, dass die Menschen in der einen Kultur eher Planungen und

Ordnungsstrukturen nutzen, um Sicherheit zu spüren, während in anderen Kulturen eine enge Familienbande oder viel Macht als Quellen von Sicherheit wahrgenommen werden. (Immer vorausgesetzt, in einer Gesellschaft herrschen keine gewalttätigen Zustände, denn die werden von allen Menschen als gefährlich und unangenehm erlebt.)

Die Unterscheidung von verschiedenen Weisen, mit Unsicherheit umzugehen, ist deswegen ebenso wenig wertend gemeint wie die Unterscheidung von verschiedenen Formen der Entscheidungsrationalität. Wie für alle anderen Kulturdimensionen gilt auch hier, dass beide Extreme sich nur in den Techniken unterscheiden, mit denen sie auf die Zufälligkeit und Komplexität der Welt reagieren. Denn überall auf der Welt wollen Menschen trotz aller Unterschiede nur eines: so glücklich und zufrieden wie möglich leben. Für Gesellschaften mit geringer Unsicherheitsvermeidung bedeutet das, dass es häufiger informelle Interaktionen gibt, sodass mündlichen Absprachen eine größere Bedeutung zukommt. Protokolle und schriftliche Fixierungen sind weniger wichtig und sie sind offener gegenüber Veränderungen oder Regelübertretungen. Wirtschaftskulturen mit einer stärkeren Neigung zu Unsicherheitsvermeidung tendieren dagegen eher zu formalisierten Interaktionen, sie dokumentieren ihr Tun stärker und nutzen Regeln und Vereinbarungen, um das Verhalten zu lenken und zu kontrollieren (Sully de Luque/Javidan 2004, 618). Besonders stark verbreitet ist die Tendenz zur Unsicherheitsvermeidung in der Schweiz, Schweden und Singapur. Besonders wenig Unsicherheitsvermeidung besteht demgegenüber in Guatemala, Ungarn und Russland (Sully de Luque/Javidan 2004, 622). In der GLOBE-Studie zeigt sich zudem, dass Unsicherheitsvermeidung mit einer Neigung zu Zukunfts- und Leistungsorientierung einhergeht (Sully de Luque/Javidan 2004, 624). Beide kulturellen Dimensionen dienen damit ebenfalls dem Ziel, Unsicherheiten zu vermeiden, indem man sich mit langfristigem Handeln und guten Leistungen gegen mögliche, aber noch nicht konkrete Gefahren absichert.

Richtig entscheiden mit kultureller Intelligenz

Kulturell intelligente Menschen können das Wissen um die Verschiedenartigkeit von Entscheidungsrationalitäten und um die davon beeinflussten Kulturdimensionen nutzen, um Entscheidungen zu treffen, die auch tatsächlich erfolgreich ausgeführt werden können. Voraussetzung dafür ist, dass der Prozess der Entscheidungsfindung und die tatsächliche Entscheidung von den Menschen mitgetragen werden, die von den Entscheidungen betroffen sind. In einem rein globalen Umfeld mit Kollegen aus allen Ecken der Welt mag das nur auf der Basis eines Kodex an Werten und Regeln gelingen, die sich ein multinationales Unternehmen selbst gibt. Die Beurteilung solcher Kodizes bedarf aber eines anderen Instrumentes als es das Konzept der kulturellen Intelligenz anbietet. Deswegen beschäftigen wir uns im vorliegenden Buch auch mit kulturellen Situationen, die das Ergebnis gewachsener Kulturen sind – und nicht Bestandteil künstlich geschaffener Unternehmenskulturen. So blicken wir beispielsweise auf die Leitung eines niederländischen Teams durch einen griechischen Manager und die Sensibilitäten und Fähigkeiten, die alle Teammitglieder mitbringen müssen, um konstruktiv und erfolgreich miteinander umgehen zu können.

Um sicher zu gehen, dass Sie an die wichtigsten Punkte gedacht haben, finden Sie hier wieder die zentralen Leitfragen, die Sie als kulturell intelligenter Mensch beantworten müssen, um erfolgreich Entscheidungen treffen zu können:

- **Wer muss am Prozess der Entscheidungsfindung beteiligt werden?**

  → In individualistischen Wirtschaftskulturen können das vielleicht nur wenige Führungskräfte sein, in kollektivistischen muss ein breiter Konsens hergestellt werden.

- **Welchen Rationalitätskriterien liegen einer Entscheidung zugrunde?**

→ Nutzen Sie die Kulturdimensionen und die Kulturcluster, die wir im Praxisteil vorstellen, und analysieren Sie damit, was in Ihrer interkulturellen Umgebung als rational gilt.

- **Wer darf mitentscheiden?**

  → Auch in kollektivistischen Kulturen wird erwartet, dass Führungskräfte letztlich die Entscheidung treffen. In Kulturen mit geringer Gender-Gleichheit kann es allerdings passieren, dass Frauen als Entscheider abgelehnt werden.

- **Wie detailliert muss eine Entscheidung ausformuliert und dokumentiert werden?**

  → In Kulturen mit einer großen Unsicherheitsvermeidung wird großer Wert auf eine umfangreiche schriftliche Fixierung gelegt.

- **Ist die Entscheidung umsetzbar?**

  → Häufig sind die Entscheider andere als die Ausführenden, sodass geschaut werden muss, ob die kulturellen Eigenheiten der Ausführenden zu den Entscheidungen passen, die getroffen wurden.

- **Welche Rolle spielt die Zeit?**

  → Entscheidungen über langfristige Planungen sind in Kulturen mit einer großen Unsicherheitsvermeidung typisch. In kollektivistischen Kulturen dürften Entscheidungen erst getroffen werden, wenn alle wichtigen Stimmen gehört wurden, ansonsten wird die Entscheidung nicht als bindend akzeptiert.

Damit sind viele Inhalte von Entscheidungen angesprochen, die in interkulturellen Kontexten besonders beachtet werden müssen. Aber nicht nur der Inhalt, sondern auch die Form einer Entscheidung, also die Weise ihres Zustandekommens, spielt aus der Perspektive der kulturellen Intelligenz eine wichtige Rolle. Ein Beispiel von einem Manager aus einer individualistischen, leistungsorientierten Kultur soll das verdeutlichen. Der Manager wird in ein Land mit einer kollektivistischen und auf humane Orientierung ausgerichteten Wirtschaftskultur gesendet, um dort einen Kooperationsvertrag abzuschließen, durch den die Produkte der eigenen Firma verkauft werden sollen. Als Vertreter einer individualistischen und leistungsorientierten Wirtschaftskultur will er für seine Ansprechpartner gleich nach der Ankunft eine umfangreiche Präsentation über die Leistungen der eigenen Firma halten. In der kollektivistischen und human orientierten Kultur des Gastgeberlandes legt man allerdings Wert darauf, Vertragspartner erst einmal kennenzulernen. Deswegen schlagen die Gastgeber vor, durch ein gemeinsames Sightseeing in der Stadt Vertrauen aufzubauen, bevor das eigentliche Geschäft abgeschlossen wird. Nach zwei Tagen sind beiden Seiten so voneinander frustriert, dass der erfolgreiche Abschluss des Kooperationsvertrags kaum mehr vorstellbar ist (Thomas/Inkson 2003, 1f). Während der Gast stets darauf gedrungen hatte, doch endlich zum Geschäftlichen zu kommen, sehen sich die Gastgeber außer Stande, gegenüber einem in ihren Augen so unzugänglichen und desinteressierten Menschen das nötige Vertrauen aufzubringen, auf dem ihrer Kultur nach gute Verträge gründen müssen.

Ein zweites Beispiel soll anhand der Kulturdimension der Gender-Gleichheit veranschaulichen, wie wichtig der formale Aspekt von Entscheidungen ist. Gender-Gleichheit werden wir erst in Kapitel 3.6 ausführlich vorstellen. Für das folgende Beispiel genügt es zu wissen, dass Männer und Frauen in Wirtschaftskulturen mit starker Gender-Gleichheit als gleichwertig angesehen und auf denselben Tätigkeitspositionen akzeptiert werden. Interagieren Menschen aus Kulturen mit hoher und niedriger Gender-Gleichheit miteinander, so kann es zu Irritationen darüber kommen, wer als entscheidungsberechtigt angesehen wird und wer nicht. In einer Kultur mit geringer Gender-Gleichheit kann es deswegen passieren, dass weibliche Führungskräfte aus einem anderen Kulturcluster nicht akzeptiert werden beziehungsweise Verwirrung darüber besteht, ob eine weibliche Führungskraft gegenüber Männern aus einer Kultur mit geringer Gender-Gleichheit tatsächlich Entscheidungen treffen darf (Brislin et al. 1986, 157f). Sollten Sie mit Wirtschaftskulturen geschäftlich verbunden sein, in denen keine starke Gender-Gleichheit vorherrscht, bedeutet das jedoch nicht unbedingt, dass Sie keinesfalls weibliche Führungskräfte entsenden dürfen. Sie sollten aber darauf achten, dass die Position der weiblichen Führungskraft explizit kommuniziert wird und Sie sollten auch auf die offensichtliche Tatsache hinweisen, dass Sie eine Frau entsenden und keinen Mann.

Das Wichtigste zusammengefasst

Kulturelle Besonderheiten beeinflussen, auf welche Weisen Entscheidungen getroffen werden. Der Einfluss ist so stark, dass nicht einmal von einer Kultur übergreifenden Entscheidungsrationalität gesprochen werden kann. Natürlich wollen die Menschen in allen Wirtschaftskulturen so gut wie möglich entscheiden. Dem Unternehmen soll es gut gehen und es soll Gewinn machen. Aber diese Übereinstimmung in den Zielen der Manager in aller Welt führt nicht dazu, dass alle auch die gleichen Entscheidungen treffen. Gründe dafür sind neben der Unmöglichkeit, alle Informationen zu erhalten, und dem Zeitdruck, nicht beliebig lange über sie nachdenken zu können, vor allem auch die kulturellen Unterschiede zwischen den Wirtschaftskulturen. Das führt dazu, dass rationale Entscheidungen in der einer Kultur nur über den Konsens der Gruppe getroffen werden können, während in einer anderen Kultur allein die quantifizierbare Leistung zählt und in einer dritten das Wohlwollen der politischen Würdenträger über den Erfolg entscheidet. Kluge Entscheidungen zu treffen, heißt in interkulturellen Situationen deswegen, um die Eigenarten der Partnerkulturen zu wissen und alles zu tun, damit die eigenen Ziele so effizient wie möglich von den Mitgliedern der anderen Kultur umgesetzt werden können.

Dabei gilt es, um die Bedeutung von informellen Interaktionen in Wirtschaftskulturen mit starker humaner Orientierung zu wissen sowie um die Notwendigkeit detaillierter Planung und Dokumentation bei Entscheidungen in Wirtschaftskulturen mit großer Tendenz zur Unsicherheitsvermeidung. Für die Interaktion mit Menschen aus Wirtschaftskulturen mit geringer Gender-Gleichheit ist zudem zu bedenken, dass die Tatsache von Frauen in Führungspositionen möglicherweise vorab kommuniziert werden muss, damit es nicht zu Unsicherheiten und Missverständnissen auf beiden Seiten kommt. Schließlich gilt es stets zu bedenken, dass eine Entscheidung nicht immer von denselben Personen getroffen wird, die sie dann auch umsetzen. Damit die interkulturellen Reibungsverluste so gering wie möglich bleiben, sollten die Ausführenden deswegen in die Entscheidung eingebunden werden, weil sie nur dann motiviert und fähig sind, sie auch verwirklichen zu können. Darüber hinaus ist es dann auch viel einfacher, sie in der Umsetzungsphase erfolgreich zu führen. Was kulturelle Intelligenz über interkulturelle Führung lehrt, erfahren Sie im nächsten Kapitel.

Ausführung: Führen und geführt werden

Führungskraft und Mitarbeiter gehören zusammen

Von der Ausführung eines Planes zu sprechen, bedeutet zugleich, das Wort ‚Führung' auszusprechen. Führung beziehungsweise Leadership ist ein Schlüsselkonzept für jedes Unternehmen. Überall, wo Menschen zusammenarbeiten, muss die eine oder andere Form von Führung stattfinden: sei es autoritär, partizipatorisch oder auf eine andere Weise. Es überrascht deswegen nicht, dass ganze Bibliotheken über das Konzept der Führung, über Führungstheorien, Fallbeispiele und Best Practice-Ansätze im Personalwesen verfasst wurden. Mehr noch als bei den anderen Schritten des Managementzirkels müssen wir uns deswegen im vorliegenden Kapitel auf das Wesentliche beschränken. Wir wollen Ihnen die wichtigsten Punkte nennen, die Sie bei der Führung in interkulturellen Teams und Organisationen beachten müssen und erläutern, welche Erkenntnisse das Konzept der kulturellen Intelligenz für die Praxis interkultureller Führung bereithält.

Schlüsselaspekte der Führung

Zunächst der Versuch einer Definition: Zu führen bedeutet, gezielt auf Personen Einfluss zu nehmen, um deren Verhalten zu lenken (Comelli/Rosenstiel/Nerdinger 2014, 83). Dass in der Geschichte des politischen Denkens häufig Metaphern aus der Schifffahrt genutzt werden, ist kein Zufall. Auch im Deutschen ist das Wort ‚führen' mit ‚fahren' verwandt (Blessin/Wick 2014, 24). In der ersten Hälfte des 20. Jahrhunderts waren die Führungstheoriker gelegentlich der Meinung, dass ein Führer einfach nur entscheiden müsse und die ihm Untergebenen würden seinen Willen dann auch umsetzen. Der autoritäre und bedingungslose Gefolgschaft erwartende Führer war nicht nur in der Politik bekannt, sondern auch in den inhabergeführten Konzernen der damaligen Zeit.

> Nach dem Zweiten Weltkrieg entdeckte man, wie dysfunktional die Idee der autoritären Führung ist. Neue Theorien und Forschungen zum Verhalten von Führern und Geführten machten deutlich, dass nichtautoritäre Führungsmodell viel effizienter und erfolgreicher sind.

Warum das so ist, lässt sich leicht zeigen: Jedes Unternehmen, jede Abteilung und jedes Team hat je nach Größe, Branche und Heimatmarkt bestimmte Eigenschaften, die von einer Führungskraft gekannt und genutzt werden müssen. Wenn ein Teamleiter Aufgaben von seinem Team fordert, für die dessen Mitglieder nicht qualifiziert sind, dann wird das Team scheitern, einige aus ihm werden das Unternehmen vielleicht komplett verlassen. Manche Führungstheoretiker hat diese Tatsache zur These veranlasst, dass die Geführten die eigentlichen Führer seien und dass der namentlich so genannte Führer sie in ihrem Tun nur moderierend begleitet (Blessin/Wick 2014, 224f). In horizontal organisierten Teams mag das gelegentlich so wirken, dennoch weist auch hier die finale Verantwortung des Teamleiters darauf hin, dass eben doch nicht nur moderiert, sondern auch geführt wird. Trotzdem ist die Einsicht wichtig, dass die Geführten für das Verständnis dessen, was Führung ist, genauso wichtig sind wie die Führer. Führung basiert auf gegenseitiger Anerkennung.

Führungstheorien und -modelle versuchen, die Komplexität von Führungsinteraktionen zu reduzieren und durch wenige entscheidende Einflussfaktoren zu erklären. Allerdings gibt es sehr viele Führungstheorien, die sich nicht nur in ihren Erklärungen von Führung unterscheiden, sondern auch darin, was sie überhaupt unter Führung verstehen (Blessin/Wick 2014, 27). Anstatt weltweit danach zu fragen, wie jede mögliche Führungstheorie von den Menschen vor Ort verstanden und erlebt wird, hat die interkulturelle Managementforschung einen anderen Weg gewählt. Die GLOBE-Studie nutzt ein

Konzept namens implizite Führungstheorie. Damit ist gemeint, dass die Manager in allen der 62 von der Studie untersuchten Staaten gefragt wurden, was gute Führung ihrer Meinung nach ausmacht. Die Ergebnisse sind natürlich für jeden Kulturcluster unterschiedlich. Wichtig ist es aber, im Hinterkopf zu behalten, dass durch diese Befragung nicht wirklich Theorien entstanden. In der Führungsliteratur werden Sie keine Theorien finden, die nach Kulturclustern unterschieden sind und das ist auch richtig so. Denn Theorien sollen ein logisch schlüssiges Modell zur Erklärung von Wirklichkeit geben, mit dessen Hilfe tatsächliche Führungsinteraktionen besser verstanden werden können. Die Befragung der GLOBE-Studie hat dagegen die Überzeugungen von Menschen ermittelt. Anders als Theorien müssen sie nicht logisch schlüssig sein. Beim genauen Blick auf die Ergebnisse zeigen sich aber wiederkehrende Muster, die es erlauben, zumindest von impliziten Führungstheorien zu sprechen, die sich aus den jeweiligen Einflussgrößen der Kultur erklären lassen.

Um kulturell intelligent handeln zu können, ist es unumgänglich, die Überzeugungen anderer Menschen über das zu kennen, was in ihren Augen einen guten Führer ausmacht. Selbstverständlich genügt dieses Wissen nicht, um auch intelligent führen zu können. Dafür ist es wichtig, die Bedeutung der kulturellen Besonderheiten von Führung in den verschiedenen Kulturclustern zu kennen. Das ist ein zentraler Schlüssel für Führungserfolg. Damit Sie ihn nutzen können, wollen wir zunächst wieder erläutern, welche Kulturdimensionen für das interkulturelle Verständnis von Führung wichtig sind.

Führung braucht Durchsetzungsstärke

Sämtliche bisher vorgestellten Kulturdimensionen beeinflussen alle Arbeitsbereiche einer Wirtschaftskultur. Deswegen spielen sie auch bei der Frage der Führung wieder eine Rolle. Ganz besonders wichtig ist dabei nach wie vor die Unterscheidung zwischen individualistischen und kollektivistischen Kulturen, die wir schon zu Beginn des Praxisteils erläutert haben. In individualistischen Kulturen wird Führung eher durch Individuen ausgeübt und Individuen sind auch die Geführten. Die Führungsstrategie orientiert sich in diesen Wirtschaftskulturen daran, welchen persönlichen Gewinn die Einzelnen aus der Umsetzung einer zuvor getroffenen Entscheidung ziehen können. Der große Unterschied zu kollektivistischen Kulturen besteht darin, dass sich die Menschen hier als Gruppenmitglieder verstehen, die gemeinsam Entscheidungen umsetzen. Von einer einzelnen Führungsperson wird hier erwartet, dass sie die Gruppe in die Ausführung einbindet. Nicht der individuelle Gewinn, sondern eine Verbesserung der Achtung und Anerkennung der Gruppe steht hier für die Mitglieder im Mittelpunkt ihres Tuns (Thomas/Inkson 2003, 133).

Auch die im Kapitel zur Zielsetzung beschriebene Durchsetzungsstärke besitzt große Bedeutung, um das vorherrschende Führungsverständnis einer Wirtschaftskultur verstehen zu können.

> Wo die Durchsetzungsstärke besonders stark ausgeprägt ist, spielen Konkurrenz, Wettbewerb und individuelle Verantwortungsübernahme eine wichtige Rolle. Werte wie Kooperationsbereitschaft und Harmonie zwischen den Beteiligten sind dagegen weniger wichtig.

Auf diese Weise können sehr konfrontative Führungsstile ausgelebt werden und es gilt als opportun ‚durchzuregieren' (Thomas/Inkson 2003, 134). In Kulturen mit einer geringeren Bedeutung an Durchsetzungsstärke kann Führung auch strukturell ausgeübt werden, etwa über Prozeduren und Regeln, für deren Durchsetzung keine konfrontativen Führungsindividuen benötigt werden. Ausführlicher wollen wir auf die beiden Dimensionen an dieser Stelle nicht noch einmal eingehen, aber Sie können sich über beide Dimensionen in den vorherigen Kapiteln unseres Buches noch einmal genauer informieren. Im vorliegenden Abschnitt wollen wir uns vor allem einer im Praxisteil noch nicht erläuterten Kulturdimension zuwenden: der Machtdistanz.

In einer Wirtschaftskultur mit großer Machtdistanz werden große Machtunterschiede zwischen den einzelnen Mitgliedern der Kultur akzeptiert. Das bedeutet, dass mächtige Menschen in einer solchen Kultur viel Autorität besitzen und gegenüber ihren Mitmenschen stark privilegiert sind (Carl/Gupta/Javidan 2004, 513). Auf das in einer Wirtschaftskultur gelebte Führungsverständnis hat Machtdistanz natürlich einen großen Einfluss. Wo Mitarbeiter Führern große Autorität zusprechen und sich selbst in einer stark untergeordneten Rolle wahrnehmen, werden sie möglicherweise irritiert reagieren, wenn der Führer vorschlägt, eine schnelle gemeinsamen Besprechung bei einem Kaffee in der Kantine durchzuführen.

Anders ausgedrückt: Wer die Autoritätserwartungen von Geführten nicht erfüllt, der wird als Führer nicht ernst genommen.

Das gilt auch für jemanden, der in einer flachen Organisationshierarchie versucht, die Autoritätskarte auszuspielen. Ohnehin kommt man mit roher Macht und Gewalt in keinem Unternehmen der Welt weiter. Vielmehr müssen die Geführten immer die Position des Führers als legitim anerkennen, sonst sind sie nicht bereit zu folgen (Carl/Gupta/Javidan 2004, 514). Eine große Machtdistanz bedeutet, dass es kaum direkte Interaktionen zwischen Führern und Geführten gibt und dass diese Interaktionen dann, wenn überhaupt, häufig sehr formalisiert ablaufen. Bei geringer Machtdistanz arbeiten beide dagegen nicht selten Hand in Hand und der Führer bietet dem Geführten unmittelbare Anreize – inklusive offenen Aussprachen mit der Führungskraft (Carl/Gupta/Javidan 2004, 535). Eine Führungskraft, der sich nicht gemäß den Erwartungen der Geführten verhält, kann leicht ihre Anerkennung als legitimer Führer verlieren. In diesem Sinne ist es dann durchaus auch etwas Wahres dran, davon zu sprechen, dass die Geführten die insgeheimen Führer von Organisationen sind.

Über den Aspekt der Führung hinaus zeichnen sich Wirtschaftskulturen mit einer hohen Machtdistanz durch eine starke soziale Klassenschichtung aus. Menschen mit Macht haben in diesen Kulturen häufig eine sehr stabile, aber zugleich gesellschaftlich auch sehr knappe Ressource als Machtbasis, etwa Landbesitz, die soziale Reputation der Familie oder die Eigenschaft, der Älteste in der Familie zu sein. Ein sozialer Aufstieg ist unter diesen Bedingungen kaum möglich. Dennoch ist Macht unter diesen Bedingungen ein Gut, das gesellschaftliche Harmonie und Ordnung erzeugt. In Kulturen mit einer geringen Machtdistanz wird Macht dagegen skeptisch betrachtet und als eine Quelle von Zwang und Korruption angesehen. Deswegen wird in diesen Gesellschaften die Bedeutung von Macht heruntergespielt, beispielsweise indem sie auf erwerbbaren Kompetenzen wie Fähigkeiten und Wissen begründet wird. Ein Beispiel dafür bilden

Stellenbesetzungen nach der Höhe der Studienabschlussnote. Dadurch stellt die Macht ein weniger knappes und privilegiertes Gut dar und kann auch von Menschen erreicht werden, deren Vorfahren keine Macht besessen hatten. Typischerweise haben Gesellschaften mit einer geringen Machtdistanz deswegen auch eine starke soziale Mittelschicht, von der aus der Sprungbrett in gesellschaftlich einflussreiche Positionen gelingen kann (Carl/ Gupta/Javidan 2004, 536).

Einfluss auf die in einem Land praktizierten Führungsstile hat auch die Kulturdimension der Gender-Gleichheit. Ausführlich wird sie erst im nächsten Kapitel erläutert, aber selbstverständlich spielt der Grad der Gleichheit zwischen Männern und Frauen in einer Gesellschaft auch eine wichtige Rolle, um die Führungskultur in dieser Gesellschaft besser zu verstehen. Das ist auch deswegen der Fall, weil Männlichkeit in vielen interkulturellen Forschungen mit Härte, Aggression und Egoismus gleichgesetzt wird, Weiblichkeit dagegen mit Kooperationsbereitschaft, Harmonie und Vertrauen. Eine Gesellschaft, in der eine große Ungleichheit zwischen beiden Geschlechtern besteht, privilegiert Männer und neigt deswegen auch eher zu den mit Durchsetzungsstärke verbundenen Führungseigenschaften. In einer Gesellschaft mit großer Gender-Gleichheit spielen typisch weibliche Attribute dagegen auch im Verhalten von Führungskräften eine viel größere Rolle, weil diese Eigenschaften von den Mitarbeitern erwartet werden. Wie die Kulturdimensionen genau zusammenwirken und welche Führungscluster aus diesen kulturellen Unterschieden resultieren, zeigen wir im nächsten Unterkapitel.

Kulturcluster erzeugen Führungscluster

Im ersten Kapitel des Praxisteils haben wir zehn geografische Cluster vorgestellt, die sich kulturell deutlich voneinander unterscheiden. Die Forscher der GLOBE-Studie haben diese Cluster einer genaueren Analyse mit Blick auf die in ihnen praktizierten Führungsverständnisse unterzogen. Die Forscher nutzten die bestehenden Führungstheorien und einige empirische Daten, die sie selbst erhoben hatten, um eine Sammlung von 21 Führungstypen zu erstellen. Diese Typen glichen sie mit dem umfangreichen Datensatz ab, den sie durch die Befragung von über 17.000 Managern der mittleren Ebene in 62 Ländern weltweit erhoben hatten. Die Daten zeigten zunächst, dass es Abhängigkeiten zwischen den 21 Führungstypen gab. Ein Beispiel: Die Befragten, die Visionen bei Führern für wichtig hielten, hielten mit großer Wahrscheinlichkeit auch Aufopferungsbereitschaft und Leistungsorientierung für wichtig. Viele Führungstypen ließen sich so zu Gruppen zusammenfassen.

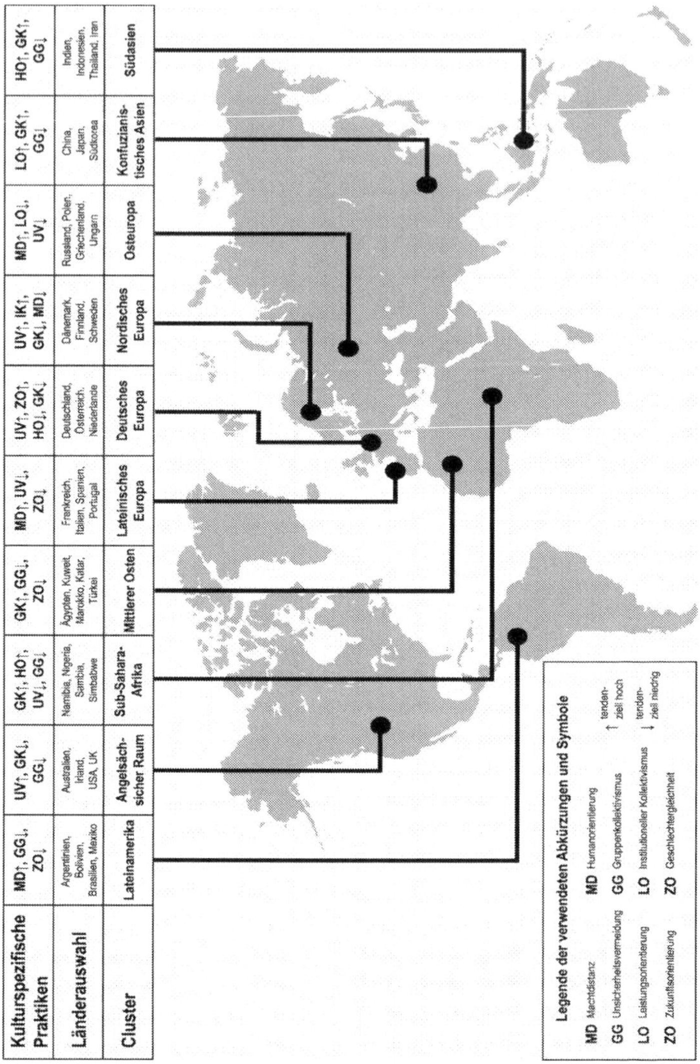

Geografische Übersicht der Führungscluster

Auf diese Weise konnten die 21 Typen, nach denen ursprünglich gefragt worden war, auf sechs Typen reduziert werden, die sich tatsächlich statistisch voneinander unterschieden. Werfen wir einen genaueren Blick auf die Typen und die geografischen Cluster, in denen Mitarbeiter diese Führungstypen erwarten.

(1) Charismatisch-wertebasierte Führung

Die Erwartung einer charismatisch-wertebasierten Führung bedeutet, dass die Mitarbeiter inspiriert und begeistert werden wollen für die vor ihnen liegenden Aufgaben. Auch die Erwartung guter Leistungen zählt dazu und bildet neben Zielen wie Würde, Frieden, Ordnung und Freiheit einen der zentralen Werte dieses Führungstypus. Obwohl sich geringe Unterschiede in der Attraktivität dieses Führungstypus zwischen den Kulturclustern zeigten, erwarten mehr oder weniger alle Mitarbeiter auf der Welt diesen Führungstypus von ihren Managern (Dorfman/Hanges/Brodbeck 2004, 673). Besonders stark erwartet wird er im englischen Cluster, vergleichsweise wenig im Cluster des Nahen Ostens. Aber selbst zwischen diesen beiden Extremen sind die Unterschiede in den Zustimmungswerten gering. Deutlich wird die universelle Bedeutung dieses Führungstypus auch daran, dass sich in der Gruppe mit der stärksten Orientierung an diesem Führungstypus neben dem englischen so verschiedene Cluster wie der germanische, der nordische, der Südasien- und der Lateinamerika-Cluster befinden (Dorfman/Hanges/Brodbeck 2004, 683). Dass überall auf der Welt Mitarbeiter glauben, dass von ihnen gute Leistungen erwartet werden, widerspricht übrigens nicht den kulturellen Unterschieden in der Dimension der Leistungsorientierung. In den Kulturen, in denen sie hoch ist, wird die Leistungsorientierung als ein Zweck an sich verstanden, während die Leistungsorientierung unter dem charismatischen Führungstypus eher bedeutet, dass man seine Arbeit gut machen soll, um die Erwartungen zu erfüllen. Dennoch konnte nachgewiesen werden, dass der charismatisch-wertebasierte Führungsstil in Kulturen mit einer großen Leistungsorientierung noch häufiger erwartet wird als in allen anderen Kulturen (Dorfman/Hanges/Brodbeck 2004, 702).

(2) Teamorientierte Führung

Der teamorientierte Führungstypus zeichnet sich durch aktives Teambuilding und die Formulierung gemeinsamer Ziele für das Team aus. Dafür sind Kooperationsfähigkeit, Integrationsfähigkeit, diplomatisches Geschick und organisatorische Kompetenzen für besonders wichtig (Dorfman/Hanges/Brodbeck 2004, 675). Auch für den teamorientierten Führungstypus zeigten sich hohe Werte über alle Kulturcluster hinweg. Deswegen kann auch die Teamorientierung als eine Führungseigenschaft gelten, die weltweit von Managern erwartet wird. Dennoch gibt es natürlich Unterschiede: Am höchsten ausgeprägt war die Erwartung einer teamorientierten Führung im Lateinamerika-Cluster, am niedrigsten im Cluster des Nahen Osten. Aber selbst dort war der Wert noch sehr hoch (Dorfman/Hanges/Brodbeck 2004, 680). Besonders wichtig ist die Teamorientierung für Wirtschaftskulturen mit einem kollektivistischen Gruppenselbstverständnis (In-Gruppen-Kollektivismus) oder einer starken Tendenz zur Unsicherheitsvermeidung wie zum Beispiel in China (Dorfman/Hanges/Brodbeck 2004, 704).

Die beiden zuerst genannten Führungstypen beinhalten damit Schlüsselfähigkeiten für alle Manager – unabhängig davon, wo sie eingesetzt werden. Allein mit der Fähigkeit, wertebasiert und teamorientiert führen zu können, ist der Erfolg allerdings noch nicht garantiert. Die kulturelle Intelligenz von Menschen zeigt sich darin, dass sie wissen, wie in einer bestimmten Kultur diplomatisch oder integrativ gehandelt werden kann und welche Werte durch die Mitarbeiter als besonders motivierend empfunden werden. Erst wer das schafft, darf sich als kulturell intelligent bezeichnen. Und dafür bedarf es des Wissens um die Kulturdimensionen, die wir in unserem Buch vorstellen, und der Bereitschaft, sich vorurteilsfrei und sensibel auf eine neue Kultur und deren Menschen einzulassen.

(3) Partizipative Führung

Bei einem partizipativen Führungsstil binden Manager ihre Mitarbeiter ein, wenn Entscheidungen getroffen werden. Damit das möglich wird, darf kein autokratisches Führungsverhalten vorliegen (Dorfman/Hanges/Brodbeck 2004, 675). Zum partizipativen Führungstypus gehört zudem die Fähigkeit, Aufgaben delegieren zu können (Hanges/Dickson 2004, 131). Ein partizipativer Führungsstil wird dann als besonders wichtig empfunden, wenn in einer Gesellschaft eine starke Leistungsorientierung und eine große Gender-Gleichheit vorliegen (Dorfman/Hanges/Brodbeck 2004, 705). Im Gegensatz zu den beiden ersten Führungstypen ist ein partizipativer Führungsstil verschiedenartiger zwischen den Kulturclustern verteilt. Im germanischen, nordischen und englischen Cluster erwarten die Mitarbeiter eine besonders starke Partizipation. Im Osteuropa-, Südasien und konfuzianischen Cluster sowie im Cluster des Nahen Osten besteht dagegen eine vergleichsweise geringe Erwartung unter den Mitarbeitern, an Entscheidungen mitwirken zu können (Dorfman/Hanges/Brodbeck 2004, 682).

(4) Menschenorientierte Führung

Wo eine menschenorientierte Führung erwartet wird, dort wollen die Mitarbeiter, dass unterstützend und rücksichtsvoll mit ihnen umgegangen wird (Dorfman/Hanges/Brodbeck 2004, 675). Auch Mitgefühl, Geduld und

Großzügigkeit sind Eigenschaften, die Führungskräfte ihren Mitarbeitern zeigen sollten (Hanges/Dickson 2004, 131). Besonders stark erwartet wird das in Staaten des Südasien-Clusters, des Subsahara-Clusters sowie des englischen und des konfuzianischen Clusters. Am wenigsten wichtig sind diese Eigenschaften bei Führungskräften in Ländern des lateinischen und des nordischen Clusters (Dorfman/Hanges/Brodbeck 2004, 682). Von den Kulturdimensionen sind neben der humanen Orientierung auch eine Tendenz zur Unsicherheitsvermeidung sowie starke Leistungs- und Zukunftsorientierungen Indizien dafür, dass ein menschenorientierter Führungsstil von den Mitgliedern einer Wirtschaftskultur erwartet wird. Letztlich bildet die große Tendenz einer Wirtschaftskultur zur humanen Orientierung jedoch das deutlichste Kriterium dafür, dass auch der entsprechende Führungsstil von den Mitarbeitern als effektiv und angemessen angesehen wird (Dorfman/Hanges/Brodbeck 2004, 706).

(5) Selbstständige Führung

Ein selbstständiger (*autonomous*) Führungstypus zeichnet sich durch einen unabhängigen und individualistischen Führungsstil aus (Dorfman/Hanges/Brodbeck 2004, 675). Er kommt in Wirtschaftskulturen vor, in denen kein starker institutioneller Kollektivismus vorherrscht und ist im germanischen und im Osteuropa-Cluster eher stark ausgeprägt, während er in den Ländern des Lateinamerika-Clusters, des lateinischen Clusters und des Clusters des Nahen Osten eher gering ist (Dorfman/Hanges/Brodbeck 2004, 680). Allerdings sind sich die GLOBE-Forscher über die Belastbarkeit dieser Aussagen selbst nicht recht sicher, denn sie nehmen keine Hierarchisierung ihrer 62 Untersuchungsländer mit Blick auf diesen Führungstypus vor.

(6) Führung als Selbstschutz

Beim letzten, mit dem Namen Selbstschutz (*self protective*) bezeichneten Führungstypus steht die Selbstschutzfähigkeit der Führungskraft im Zentrum. Sie zeigt sich darin, dass die Führungskraft in der Lage und Willens ist, sich gegen Widerstände durchzusetzen und so sich selbst, bei Bedarf aber auch andere Individuen oder sogar das ganze Team zu schützen (Dorfman/Hanges/Brodbeck 2004, 675). Insgesamt geht damit ein defensiver, auf Schutz bedachter Führungsstil einher (Engelen/Tholen 2014, 172). Eine große Machtdistanz und ein hoher Grad an Unsicherheitsvermeidung in einer Kultur machen es wahrscheinlich, dass der Selbstschutz-Führertypus geschätzt wird. In-Gruppen-Kollektivismus und Leistungsorientierung sprechen dagegen eher gegen das Auftreten dieses Führungsstils (Dorfman/Hanges/Brodbeck 2004, 707). Der Selbstschutz-Führertypus setzt sich aus fünf Eigenarten zusammen, die von den Menschen in der jeweiligen Kultur an einer Führungskraft besonders geschätzt werden. Dazu zählen der Fokus der Führungskraft auf sich selbst, ihr Statusbewusstsein, ihre interne Konkurrenzfähigkeit, ihre Fähigkeit zu indirektem, gesichtswahrendem Verhalten und ihre Tendenz zu Bürokratie und zu formellem Handeln (Dorfman et al. 2012, 506). Wichtig sind diesen Eigenschaften bei Führungskräften im Südasien-Cluster, im Cluster des Nahen Osten sowie im konfuzianischen und im Osteuropa-Cluster. Besonders wenig erwarten Mitarbeiter im englischen, germanischen und nordischen Cluster diese Eigenschaften bei ihren Führungskräften (Dorfman/Hanges/Brodbeck 2004, 680).

Alle sechs *idealen* Führungstypen treten in verschiedenen Anteilen in allen zehn geografischen Clustern auf. Die *realen* Führungstypen der geografischen Cluster bilden also stets Mischformen aus den sechs Reinformen. Durch die geografische Ausdifferenzierung ist es leicht möglich, die wahrscheinlichen Erwartungen, die in einer bestimmten Wirtschaftskultur an Führungskräfte gestellt werden, abschätzen zu können. Die Gesamthäufigkeit, mit der die Befragten sich für einen Führungstypus ausgesprochen haben, nahm vom ersten bis zum fünften Typus ab. Deswegen sind der charismatisch-wertorientierte und der team-orientierte Führertypus nicht nur recht gleichmäßig auf der Welt verbreitet, sondern werden auch von den meisten Befragten als notwendige Eigenschaften einer wirksamen Führungsfigur genannt. Partizipativer und menschenorientierter Führungstypus liegen im Mittelfeld und am wenigsten halten die Befragten weltweit den selbstständigen und den Selbstschutz-Führungstypus für die unabdingbaren Eigenschaften einer guten Führungskraft (Dorfman/Hanges/Brodbeck 2004, 680).

Kulturell intelligente Führung

Führung bedeutet, Menschen in ihrem Tun so zu koordinieren, dass gemeinsame Ziele erreicht werden können.

> Kulturell intelligent geschieht das dann, wenn die Führungskraft, erstens, über umfangreiches Wissen zu den kulturellen Hintergründen ihrer Mitarbeiter und ihrer Organisation verfügt. Zweitens muss sie in der Lage sein, ihr Wissen und ihre Urteile über andere Kulturen reflektieren zu können. Drittens bedarf sie der Motivation, sich mit anderen Kulturen aktiv auseinanderzusetzen. Und viertens muss sie in der Lage sein, ihr Verhalten auch tatsächlich an die interkulturellen Situationen anpassen zu können (Livermore 2015).

Durch umfangreiche Forschungen konnte in den letzten Jahren nachgewiesen werden, dass kulturell intelligente Führungskräfte erfolgreicher in interkulturellen Situationen handeln als andere Führungskräfte. Deutlich wurde dabei, dass die kulturell intelligenten Führungskräfte nicht insgesamt einfach besser waren als ihre kulturell weniger intelligenten Kollegen. Beim Führungserfolg in heimischen Situationen schnitten sie nämlich nicht besser ab (Rockstuhl et al. 2011). Der Grund für ihren Erfolg besteht deswegen nachweislich in ihrer kulturellen Sensibilität und Aufmerksamkeit für die Eigenarten anderer Kulturen. Dadurch sind sie in der Lage, ihre Mitarbeiter besser zu verstehen, sie an Entscheidungen mitwirken zu lassen und die der jeweiligen Kultur angemessenen Motivationsstrategien zu verwenden. Darüber hinaus zeichnet eine kulturell intelligente Führungskraft aus, dass sie ihr Wissen und ihre Vorurteile immer wieder hinterfragt und ständig bereit ist dazuzulernen (Offermann/Phan 2002). Die kulturelle Sensibilität wird auch daran deutlich, dass es kulturell intelligenten Menschen nachweislich leichter als anderen fällt, Vertrauen zu Menschen aus anderen Kulturen aufzubauen (Rockstuhl/Ng 2008). Auch bei Verhandlungen in interkulturellen Kontexten sind kulturell intelligente Führungskräfte nachweislich erfolgreicher (Imai/Gelfand 2010, Groves/Feyerherm/Gu 2015). In einer anderen empirischen Studie konnte nachgewiesen werden, dass die kulturelle Intelligenz von Führungskräften einen direkten Einfluss auf die Wahrnehmung der Führungskraft durch ihre Mitarbeiter hatte. Die kulturell intelligenten Führungskräfte wurden als deutlich leistungsfähiger wahrgenommen. Der Einfluss anderer Gründe wie etwa die Höhe ihrer emotionalen Intelligenz konnte als Ursache für die Leistungsfähigkeit ausgeschlossen werden (Groves/Feyerherm 2011).

Was aber bedeutet die kulturelle Intelligenz von Führungskräften für die Praxis? Wie sieht kulturell intelligente Führung aus? Um das zu veranschaulichen, wollen wir zwei Beispiel vorstellen, in denen die interkulturelle Führung harten Bewährungsproben ausgesetzt wird. Das erste, längere Beispiel beschäftigt sich mit Osteuropa. Im kürzeren Beispiel danach wenden wir uns Japan zu. Beide Beispiele führen viele Aspekte vor Augen, die Sie als kulturell intelligente Führungskraft im Blick behalten müssen.

Beispiel: Russland

Im ersten Beispiel wird ein englischer Manager nach Russland geschickt, um die Leistung des dortigen Werkes durch die Einführung einer neuen Managementstrategie zu erhöhen. Das russische Werk arbeitet nicht schlecht, aber im Vergleich zu anderen Werken in Westeuropa könnte die Produktivität höher sein. Der neue Manager präsentiert seine neue Strategie eines zielorientierten und partizipativen Managementstils einer Gruppe von lokalen Mitgliedern des mittleren Managements. Sie reagieren sehr ablehnend auf seine Vorschläge und verweisen auf die guten Zahlen der Fabrik sowie darauf, dass partizipative Managementtechniken nur Zeitverschwendung seien und die mittleren Manager keine Zeit darauf verwenden wollten, Berichte über ihre Ziele zu schreiben. Der englische Manager ist so verunsichert, dass er die Durchführung seiner Strategie quasi befiehlt. Die russischen Manager sind konsterniert und zugleich zuversichtlich, dass sie den neuen Manager genauso boykottieren werden wie seine Vorgänger, die alle die Fabrik längst wieder verlassen haben (Beispiel in Anlehnung an: Thomas/Inkson 2003, 130f).

Um zu verstehen, warum die Konfrontation zwischen dem neuen Betriebsleiter und dem lokalen mittleren Management so eskaliert, muss zunächst ein Blick auf die kulturellen Eigenarten der Osteuropa-Clusters geworfen werden. Hätte der englische Manager die gekannt und hätte er darüber hinaus von den Unterschieden im Arbeits- und Führungsverhalten zwischen verschiedenen Wirtschaftskulturen gewusst, dann hätte er achtsamer handeln können. Es wäre dann nicht dazu gekommen, dass er unreflektiert in das für den englischen Cluster typische Verhalten einer individualistischen Durchsetzung des eigenen Willens verfallen wäre. Mit einer größeren kulturellen Intelligenz hätte er wissen können, dass Leistungsorientierung keine Top-Priorität in osteuropäischen Wirtschaftskulturen besitzt. Ein gut laufendes Werk organisatorisch umzukrempeln, um die Leistung noch stärker zu erhöhen, bedarf dort deswegen einer besonderen Rechtfertigung, weil das Erreichen dieses Zieles nicht für alle Mitarbeiter unmittelbar einleuchtend ist. Aber nicht nur das Warum, sondern auch das Wie seines Führungsverhaltens ist problematisch. Denn zwei wichtige Gründe sprechen gegen die Einführung der Strategie einer langfristigen und partizipativen Zielformulierung durch die Mitglieder des mittleren Managements und ihre Mitarbeiter.

(1) Erstens besteht im Osteuropa-Cluster eine geringe Tendenz, Unsicherheit zu vermeiden. Langfristige Planungen tun aber genau das und werden von den Managern deswegen als Zeitverschwendung betrachtet. Eine Managementstrategie, die weniger auf Planungen, sondern eher auf kurzfristig ansetzende Interventionen und Prozesse setzt, wäre vermutlich interessanter für die russischen Manager gewesen. Zumindest hätte sie ihren Erwartungen stärker entsprochen. Eine auf Zukunftsorientierung und Unsicherheitsvermeidung setzende Strategie bricht mit lokalen Konventionen und muss deswegen langsam und schrittweise eingeführt werden. Und selbst dann bedarf es ausdauernder Kommunikation und Überzeugungsarbeit, wenn die ‚kleine Revolution' in der lokalen Managementkultur gelingen soll.

(2) Der zweite Grund, der dagegen spricht, dass das neue Managementkonzept vom russischen Management positiv aufgenommen wird, besteht in der geringen Bedeutung von Partizipation für die Menschen im Osteuropa-Cluster. Selbst die Mitarbeit des mittleren Managements an den Entscheidungen der Betriebsleitung wird als unüblich angesehen. Eine Strategie, in der dann sogar die Mitarbeiter des mittleren Managements, also die Mitarbeiter der ersten Ebene und vielleicht auch noch deren Mitarbeiter in die Zielfindung und Zielbestimmung eingebunden werden sollen, ist in den Augen des mittleren Managements unmöglich kommunizierbar. Darüber hinaus erscheint sie ihnen sinnlos. Bereits sie haben das Gefühl, dass es nicht ihre, sondern die Aufgabe ihres Chefs sei zu entscheiden. Wie viel mehr werden dann erst die tieferrangigen Mitarbeiter das Gefühl haben, eine partizipative Managementstrategie würde dazu führen, dass sie jetzt auch noch die Aufgaben des Managements mit übernehmen müssten.

Ihre eigene Partizipation am Managementprozess des Unternehmens wird von den Mitarbeitern nicht nur als Extraarbeit, sondern auch als eine Bürde empfunden. Anstatt einer Einbindung in die Managementaufgaben dominiert im Osteuropa-Cluster die Erwartung, dass Manager durchsetzungsstark sind, also selbst entscheiden. Aber hat der englische Manager nicht genau das gezeigt, als er durch ein Machtwort seinen Willen durchsetzen wollte?

Warum die mittleren Manager einer partizipativen Managementstrategie trotz der vom englischen Manager demonstrierten Durchsetzungsstärke ablehnend gegenüberstehen, wird erst verständlich, wenn wir uns klar machen, dass sie sich gegenüber dem Betriebsleiter nicht als Manager, sondern als Untergebene wahrnehmen. Als solche misstrauen sie ihren eigenen Entscheidungen und erwarten von ihren Vorgesetzten, ihnen Vorgaben zu machen, die sie dann umsetzen. Eine eigenständige Teilnahme an weitreichenden Entscheidungen, für die man dann womöglich auch zur Verantwortung gezogen werden kann, ist in der Wirtschaftskultur des Osteuropa-Clusters eher untypisch und wird von den mittleren Managern deswegen intuitiv abgelehnt (Thomas/Inkson 2003, 131).

Beispiel: Japan

Im zweiten Beispiel blicken wir auf die Fabrik eines deutschen Autoherstellers in Japan (Beispiel in Anlehnung an: Brislin et al. 1986, 162f). Im Management arbeiten sowohl japanische als auch deutsche Manager. Vor einiger Zeit begann eine Reihe von Unglücksfällen. Das Kind eines der japanischen Manager starb an einer seltenen Krankheit. Im Werk kam es zu einer statistisch auffälligen Häufung von Unfällen unter den Arbeitern und darüber hinaus wurde ein weiterer Manager durch einen Autounfall schwer verletzt. Es gehen bereits Gerüchte unter den

Arbeitern um, dass die Geister der Fabrik nicht gewogen seinen und dass ein Fluch oder ein schlechtes Omen auf ihr liege. Die deutschen Manager beabsichtigen, die Stimmung zu verbessern, indem sie den Betriebsschutz einer grundlegenden Revision unterziehen, um sicher zu gehen, dass sich derartige Arbeitsunfälle in Zukunft nicht wieder ereignen. Allerdings verbessert sich dadurch nicht die Arbeitsmoral unter den Arbeitern und die Stimmung bleibt schlecht. Die japanischen Manager schlagen schließlich vor, einen Shinto-Priester kommen zu lassen, der den Fluch von der Fabrik nimmt.

In der kollektivistischen japanischen Wirtschaftskultur fühlen sich alle Mitarbeiter miteinander verbunden. Das gilt in den Zeiten des Erfolgs wie in den Zeiten der Krise. Auch ein vermeintlicher Fluch betrifft alle Menschen. Die Strategie, den Betriebsschutz zu verbessern, mag rational wichtig sein. Sie entspringt aber einer individualistischen auf das Wohl des Einzelnen ausgerichteten Idee und ist nicht in der Lage, das Gemeinschaftsgefühl unter den Mitarbeitern der Fabrik anzusprechen. Abgesehen davon gelten japanische Manager als leistungsorientiert und pflichtbewusst, sodass das Problem ihrer Meinung nach nicht an einer unzureichenden betrieblichen Gesundheitsvorsorge liegen kann. Da es in ihren wie in den Augen der Arbeiter vielmehr wahrscheinlich ist, dass die

Unfälle eine übernatürliche Ursache haben, spricht für sie alles dafür, auch eine übernatürliche Lösung der Krise zu ermöglichen. Die Lösung mag in den Augen der deutschen Manager auf Aberglauben beruhen, aber die Lösung setzt genau bei den kollektiven Überzeugungen der Unternehmensmitarbeiter an. Kulturelle Intelligenz zeichnet sich an dieser Stelle dadurch aus, dass sie auch Wege zu gehen und Mittel zu ergreifen bereit ist, die aus der Perspektive der Heimatkultur sehr irrational wären. Am Beginn von Kapitel 3.4 hatten wir betont, dass es auf der Welt keine einzige Rationalität gibt, sondern dass rationale Entscheidungen immer erst durch verschiedene kulturelle Kontextbedingungen als rational erscheinen. Im Fall des Shinto-Priesters liegen zwar sehr besondere Kontextbedingungen vor, aber auch aus der Perspektive der deutschen Manager ist es allemal rational, genau die Maßnahmen zu ergreifen, die ein Kollektiv dazu bringen, wieder motiviert und zuversichtlich an die Arbeit gehen zu können. Und solange keine Menschen zu Schaden kommen oder in ihrer Würde verletzt werden, spricht nichts dagegen, dafür auch die Hilfe eines Shinto-Priesters in Anspruch zu nehmen.

Das Wichtigste zusammengefasst

Die Ausführung von Managementplänen erfordert es, die Mitarbeiter für gemeinsames Handeln zu koordinieren.

Die Wege, durch die das geschehen kann, unterscheiden sich stark durch die Besonderheiten zwischen den Wirtschaftskulturen. In diesem Kapitel haben wir die Kulturdimension der Machtdistanz näher erläutert, die einen starken Einfluss darauf hat, wie sich Mitarbeiter gegenüber ihren Führungskräften wahrnehmen und mit ihnen umgehen.

Je größer die Machtdistanz ist, umso ferner sind sich beide Gruppen und umso formeller gehen sie miteinander um. Der direkte Dialog, der in Organisationen mit flachen Hierarchien und großer gefühlter Gleichheit unter Führungskräften und Mitarbeitern zum Alltag gehört, wird in Wirtschaftskulturen mit einer starken Machtdistanz nur selten eine Rolle spielen.

Selbstverständlich findet unter diesen Bedingungen auch kaum eine individuelle Förderung von Mitarbeitern durch Vorgesetzte statt.

Alle Kulturdimensionen zusammengenommen, wird das Bild auf die Führungstypen komplexer, aber es lassen sich in allen geografischen Clustern Muster erkennen. Von sechs Führungstypen, die aus der Befragung von Managern auf der ganzen Welt herausgearbeitet werden konnten, lässt sich für jeden Kulturcluster die Häufigkeit nachweisen, mit der dieser Führungsstil durch die lokalen Mitarbeiter erwartet wird.

Es wird deutlich, dass eine charismatisch-wertebasierte Führung, die Mitarbeiter durch Visionen und gemeinsame Ziele motiviert, auf der ganzen Welt als attraktiv empfunden wird. Auch gemeinsame Absprachen im Team und der Schutz den Teams durch die Führungskraft wird global überdurchschnittlich oft von den Mitarbeitern erwartet.

Anders sieht es dagegen bei einem partizipativen Führungsstil aus. Auch der menschenorientierte Führungsstil ist unterschiedlich stark verbreitet und es ist unumgänglich, sich vor einer Managertätigkeit im Ausland darüber zu informieren, welche spezifischen Kulturdimensionen in der lokalen Wirtschaftskultur vorherrschend sind und welcher Führungstypus von den zukünftigen Mitarbeitern wahrscheinlich erwartet wird.

Die Zuordnung von geografischen Clustern zu Wirtschaftskulturen und zu Führungstypen zu kennen, bedeutet allerdings nicht, sie um jeden Preis bewahren zu müssen. Die Einführung neuer Managementkulturen ist auch in Ländern möglich, die daran nicht gewöhnt sind. Das ausführlich diskutierte Beispiel über einen englischen Manager in Russland hat jedoch deutlich gemacht, dass Veränderungen einen langen Atem brauchen. Sie lassen sich nicht von heute auf morgen umsetzen, sondern müssen sensibel angekündigt und kommuniziert werden, damit alle Beteiligten die Möglichkeit haben, Einwände zu präsentieren und mit den neuen Managementtechniken vertraut zu werden. Aber selbst dann, wenn die Umsetzung tatsächlich startet, muss damit gerechnet werden, dass Menschen aufgrund ihrer kulturellen Eigenarten mit den neuen Umgangsformen nicht klarkommen, sodass genügend Zeit und Ressourcen für die Verarbeitung der Frustrationserlebnisse und die neuerliche Motivation der Mitarbeiter in Change-Prozessen eingeplant werden müssen. Interkulturell bewusste Führung bedeutet eine schrittweise, unter Umständen langsame Veränderung der Führungspraktiken und -philosophien.

Kontrolle: Kommunikation ist alles

Man kann nicht nicht kommunizieren

In der Literatur zur Unternehmensführung geht der Management-Schritt der Kontrolle häufig mit der Prüfung der Unternehmenszahlen einher (Wöhe/Döring 2013, 153). Auf diese Weise soll ermittelt werden, ob die zu Beginn des Zyklus gefassten Ziele auch tatsächlich erreicht wurden. Die mathematische Prüfung der Kennzahlen durch die Controlling-Abteilung deckt aber nur einen Teil der Kontrollaufgaben ab. Da viele der Ziele eines Unternehmens gar nicht oder mindestens nicht mittelfristig quantifizierbar sind, besteht Kontrolle häufig darin, Informationen über den Prozessablauf zu sammeln und Erfahrungen auszutauschen, um so aus ihnen lernen zu können. Die Kommunikation zwischen allen Beteiligten spielt dabei eine entscheidende Rolle gerade dort, wo keine bloßen Zahlen vermittelt werden, sondern wo Mitarbeiter offen über ihre Erfahrungen Auskunft geben sollen, damit alle Ebenen bis hoch in die Unternehmensspitze von ihnen für die Zukunft lernen können. Aus der Top-down-Perspektive besteht die Kontrolle darin, dass Führungskräfte Feedback zum Stand der Zielumsetzung an ihre Mitarbeiter geben. Auch dabei steht Kommunikation im Mittelpunkt. Obwohl Kommunikation zwar letztlich für alle Schritte im Managementzyklus wichtig ist, stellen wir sie aufgrund ihrer besonderen Bedeutung für die Kontrollphase erst jetzt ausführlich vor. In interkulturellen Situationen, soviel können wir schon vorwegnehmen, wird Kommunikation noch einmal viel komplexer, als sie ohnehin schon meist ist. Aber keine Sorge, wir erklären Ihnen, worauf Sie besonders achten müssen.

Warum wir nicht nicht kommunizieren können – und was das mit Kontrolle zu tun hat

Im Alltag wird unter Kommunikation oft sprachliche Kommunikation verstanden. Schweigt der Mitarbeiter, der nach seinen Kritikpunkten an der Realisierung einer Entscheidung gefragt wird, dann kommt man schnell auf die Idee, dass dieser Mitarbeiter sich weigert zu kommunizieren. Aber tut er das wirklich? Vielleicht ließe sich auch annehmen, der Mitarbeiter habe eben keine Kritikpunkte. Aber würde er das dann nicht auch aussprechen anstatt zu schweigen? Als kulturell intelligenter Leser unseres Buches wissen Sie bereits, dass es in manchen kollektivistischen Kulturen gesichtswahrend ist, nicht zu sprechen. Eine Situation muss häufig einige Bedingungen erfüllen, damit offen gesprochen werden kann. Vielleicht sind Menschen anwesend, die sich durch die Äußerung von Kritikpunkten erniedrigt fühlen. Vielleicht ist die Äußerung individueller Kritik in der Kultur aber auch sehr unüblich – was nicht bedeutet, dass der befragte Mitarbeiter keine Kritikpunkte vorzubringen hätte. Sie müssten dann nur anders in Erfahrung gebracht werden. Die Überlegungen machen deutlich, dass zu schweigen nicht bedeutet, dass nicht kommuniziert wird. Im Gegenteil: Schweigen kann sehr beredt sein, wie es in einer verbreiteten Redewendung heißt. Es kann bedeuten, dass sich der Schweigende nicht wohl fühlt, dass er die Situation für ungeeignet hält, dass er Angst hat zu sprechen und so weiter.

Das beredte Schweigen macht deutlich: Menschen kommunizieren auch dann, wenn sie nicht sprechen. Sie tun das, indem sie bewusst schweigen, sie tun es aber auch durch ein Lächeln, eine nachlässige Handbewegung, ein Seufzen, einen flüchtigen Blick, durch die Wahl ihrer Kleidung, die Geschwindigkeit ihrer Schritte und durch ein Schulterzucken.

Mimik, Gestik und Körpersprache sind wichtige Kommunikationswege neben der mündlichen Sprache.

Und auch die mündliche Sprache besteht nicht einfach nur aus den Inhalten von Worten, sondern auch aus der Wahl der Worte, aus ihrer Betonung, aus den Gefühlen während des Sprechens, der Lautstärke der Stimme und so fort. Tatsächlich findet überall dort, wo Menschen aufeinandertreffen, Kommunikation statt und jedes verbale wie nonverbale Verhalten kann immer *auch* als Kommunikation verstanden werden (was nicht ausschließt, dass menschliches Verhalten neben der Kommunikation meistens auch anderen Zwecken dient). Der berühmte Psychologe Paul Watzlawick hatte diese Tatsache vor Augen, als feststellte, der Mensch könne nicht nicht kommunizieren. Auf die eine oder andere Weise ist alles, was wir tun (oder eben nicht tun) immer auch eine kommunikative Information, die wir in die Welt hinaus senden.

Woraus bestehen aber die Informationen, die zusammen genommen unsere Kommunikation ausmachen? Zu wissen, dass alles Kommunikation ist, ist eine wichtige Erkenntnis. Sie hilft aber erst dann, in interkulturellen Situationen handlungsfähiger zu werden, wenn auch klar ist, welche Informationsdimensionen durch Kommunikation vermittelt werden. Der Kommunikationspsychologe

Friedemann Schulz von Thun hat dafür ein griffiges und bewährtes Modell entwickelt, dass im privaten wie im beruflichen Alltag hilft, die Kommunikation von anderen und die Wirkungen der eigenen Kommunikation besser zu verstehen.

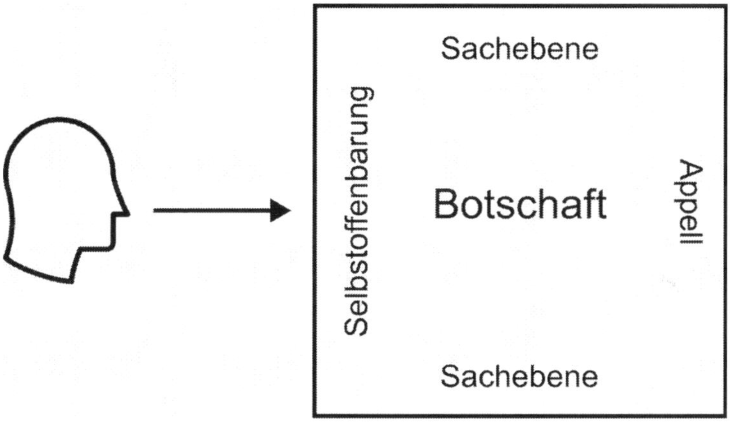

Die vier Seiten einer Nachricht (Quelle: Schulz von Thun 2011, 33)

Die vier Seiten einer Nachricht benennen die Kommunikationsaspekte, die bei jeder Kommunikation mittransportiert werden. In manchen Kommunikationsformen wie in stark ritualisierter Kommunikation oder in anonymen Sachtexten wie Gebrauchsanweisungen mag es schwer sein, alle vier Aspekte zu entdecken. Für alle anderen Kommunikationsvollzüge gilt aber: Stets sind alle vier Botschaften wirksam und müssen bedacht werden, wenn wirklich verstanden werden soll, was kommuniziert wurde. Den vier Botschaften liegt die Idee zugrunde, dass Kommunikation von einem Sender ausgeht und auf einen Empfänger gerichtet ist. Letzterer wird über vier verschiedene Aspekte angesprochen:

(1) Sachinhalt

Die erste Dimension oder auch Botschaft enthält den Sachinhalt einer Nachricht. Der Sachinhalt umfasst die neutrale, von allen Gefühlen und verdeckten Hinweisen befreite Information, die kommuniziert wird. Denken Sie zum Beispiel an die Aussage: „Nein, ich möchte die neue Job-Position nicht annehmen." Der Sachinhalt besteht darin, dass eine Person den neuen Job nicht annehmen will. Damit ist aber nur ein winziger Aspekt von den vielen Informationen angesprochen, die sich in der kurzen Nachricht verstecken. Schulz von Thun behauptet sogar, der Sachinhalt umfasse nur etwa 7 Prozent von dem, was an Informationen während einer Kommunikation vom Sender zum Empfänger übermittelt wird (Schulz von Thun 2011, 28).

(2) Selbstoffenbarung

Die zweite Botschaft heißt Selbstoffenbarung. Durch sie werden die Informationen zusammengefasst, die eine Person allein durch die Tatsache über sich preisgibt, dass sie eine Aussage so trifft, wie sie es eben tut. Im Beispiel der gerade erwähnten Aussage zeigt beispielsweise der

Sender, dass er Deutsch spricht. Darüber hinaus ist die Aussage recht gewählt formuliert, sodass eine soziale Herkunft aus der Mittelschicht wahrscheinlich ist. Durch das explizite Nein gibt die Person zudem zu erkennen, dass sie aus einer individualistischen Wirtschaftskultur stammt, denn sie äußert ihren Willen frei heraus (Schulz von Thun 2011, 29).

(3) Beziehung

Die dritte Botschaft thematisiert die Beziehung, in der Sender und Empfänger zueinander stehen. Zugleich schwingt hier auch die Meinung mit, die der Sender vom Empfänger hat. In unserem Beispiel ist spürbar, dass der Sender durchaus Respekt vor dem Empfänger der Nachricht empfindet. Hatten wir bei der zweiten Dimension gesagt, dass das Nein auf die Herkunft des Senders aus einer individualistischen Kultur schließen lässt, können wir nun präzisieren, dass der Sender den Empfänger wahrscheinlich nicht vor den Kopf stoßen möchte. Anstatt einfach Nein zu sagen oder zu sagen, dass er nicht will, sagt der Sprecher, dass er die Position nicht „möchte". Die letzte Entscheidung ist also vielleicht noch nicht gesprochen, denn der Sender äußert seinen Willen auf eine Weise, die zu verstehen gibt, dass der Empfänger durchaus das letzte Wort haben könnte (Schulz von Thun 2011, 30f).

(4) Appell

Die vierte Botschaft heißt Appell und sie enthält das, zu dem der Sender den Empfänger bewegen möchte. In unserem Beispiel bittet der Sender den Empfänger, ihn nicht zu versetzen oder ihm eine andere Position anzubieten. Zugleich scheint der Sender durch seine Wortwahl aber auch zu kommunizieren, dass er den Empfänger als Entscheidungsinstanz anerkennt und ihm nicht böse ist. Der Appell des Senders besteht deswegen nicht einfach in der Bitte, ihn nicht zu versetzen, sondern auch in der Bitte, ihm nicht zu schaden. Ähnlich wie in den anderen Dimensionen können Nachrichten im Appell auch recht versteckt transportiert werden, sodass letztlich sogar eine Manipulation des Empfängers möglich ist (Schulz von Thun 2011, 32).

Um das Grundmodell der vier Botschaften sinnvoll nutzen zu können, sind folgende Hintergrundinformationen wichtig: Erstens, alle vier Botschaften sind in jeder Nachricht präsent, also in jedem Kommunikationsakt.

Da jedes Verhalten eine Form von Kommunikation darstellt, können Sie jedes Verhalten daraufhin betrachten, was es in jeder der vier Botschaften an Sie übermittelt.

Zweitens können die Inhalte der vier Botschaften voneinander abweichen. Tatsächlich ist es sogar recht häufig der Fall, dass es zu Widersprüchen kommt, weil selbst der Sender nicht immer weiß, was er eigentlich kommunizieren will. In der komplexen Welt der Gefühle kann es dann leicht passieren, dass man auf der Appellebene den Empfänger um Hilfe bitte, während man auf der Beziehungsebene kommuniziert, wie sehr man den Empfänger hasst. Zugleich kann der Sachinhalt derselben Nachricht darin bestehen zu vermitteln, dass es einem gut geht. Vor allem aus der privaten Welt der Partnerschaft werden Sie aus Ihrem eigenen Alltag sicherlich schnell Beispiele für derartige widersprüchliche Kommunikationsabläufe finden, die als inkongruent bezeichnet werden (Schulz von Thun 2011, 39). In der beruflichen Kommunikation geht es weniger neurotisch und ungeschützt zu als in der Partnerschaft, sodass Widersprüche und Inkongruenzen im Verhalten dann oft weniger stark wirksam werden. Dennoch gibt es auch hier kommunikative Widersprüche, die entschlüsselt werden müssen. In der kulturellen Kommunikation ist das allerdings nur schwer möglich, weil selbst den kulturell intelligenten Managern hier meist Vergleichserfahrungen fehlen. Unterstellen Sie deswegen niemals einfach, dass die Menschen in der Ihnen fremden Kultur ganz ähnliche inkongruente Eigenarten hätten, wie sie Ihnen aus der Heimat bekannt sind. Nehmen Sie Ihre Gesprächspartner ernst und glauben Sie dem, was Sie hören. Falls eine Bemerkung nur ironisch gemeint war, wird man Sie darüber aufklären, wenn Ihre Gesprächspartner feststellen, dass Sie sie wörtlich verstanden haben. Dasselbe gilt umgekehrt dann natürlich auch für Sie: Halten Sie sich mit Andeutungen und Ironie zurück bis Sie sicher sein können, dass Ihr fremder Gesprächspartner in der Lage ist, sie zu verstehen. Und falls Sie offene oder sogar manipulative Widersprüche im Kommunikationsverhalten Ihres Gegenübers wahrnehmen, dann sprechen Sie ihn entweder darauf an oder beraten Sie sich mit einem Kommunikationscoach vor Ort. Er wird Ihnen helfen zu unterscheiden, welche Eigenarten Ihres Geschäftspartners kulturell sind und welche individuell.

Drittens sollten Sie im Hinterkopf behalten, dass die vier Botschaften einer Nachricht verschwimmen können, und nicht immer klar voneinander unterschieden werden können. In der realen Kommunikationssituation wird das nur selten ein Problem darstellen. Falls Sie sich aber einmal verzweifelt fragen sollten, welche einzelnen Botschaften denn nun in einer Nachricht stecken, die Ihnen Ihr Gegenüber kommuniziert hat, dann genügt es oft, die vier Grundfragen zu beantworten, ohne einzelne Botschaften voneinander isolieren zu müssen. Diese vier Grundfragen lauten:

- Welche Sachinformation habe ich erhalten?
- Was offenbart mein Gegenüber mit seiner Nachricht über sich selbst?

- Was sagt die Nachricht über die Beziehung aus, in der er zu mir steht?
- Was will mein Gegenüber, das ich tue?

Viertens ist die Erkenntnis wichtig, dass Nachrichten häufig auch nonverbal vermittelt werden. (Sie erinnern sich: Jedes Verhalten stellt letztlich eine Kommunikation dar.) Auch bei dieser Form, der impliziten Kommunikation, kann bis auf den Sachinhalt wieder nach den Botschaften gefragt werden, die wir oben erläutert haben (Schulz von Thun 2011, 36). Außerdem kann auch jede einzelne Botschaft einer expliziten, also sprachlichen Nachricht um nonverbale Anteile ergänzt sein: etwa durch den Tonfall der Stimme, eine begleitende Handbewegung oder eine Wendung des Blicks. Was die Kommunikation nicht gerade einfacher macht, ist außerdem die Erkenntnis, dass der wichtigste Teil einer Botschaft häufig nur implizit geäußert wird (Schulz von Thun 2011, 36). Auf diese Weise kann der Sender dann später spitzfindig behaupten, eine bestimmte Aussage gar nicht getroffen zu haben, obwohl diese Aussage in den impliziten Anteilen seiner Nachricht unüberhörbar war. Sie wurde nur nicht durch Worte, sondern durch die Tonhöhe, den Blick und so weiter transportiert.

Kommunikation mit Respekt aber nicht immer auf Augenhöhe

Wenn Sie unser Buch bis hierhin gelesen haben, dann wissen Sie vermutlich bereits, welche Kulturdimensionen die Kommunikation prägen: natürlich alle! Kommunikation verbindet Menschen miteinander und Kultur bezeichnet die Eigenarten einer bestimmten Gruppe, durch die Kommunikation stattfindet. Alle Kulturdimensionen haben deswegen auch einen mehr oder weniger großen Einfluss auf die Kommunikation. Von den neun Kulturdimensionen, die besonders wichtig sind, haben wir bis auf eine bereits alle bei den vorherigen Schritten des Managementprozesses vorgestellt. Kurz angesprochen haben wir die letzte Dimension aber auch schon im Kapitel über die Ausführung. Es ist die Gender-Gleichheit. Zunächst wollen wir diese Dimension genauer vorstellen.

Wie der Name schon sagt, gibt die Gender-Gleichheit zunächst den Grad an Gleichheit an, der in einer Wirtschaftskultur zwischen den Geschlechtern herrscht. Dort, wo die Abgrenzung zwischen beiden Geschlechtern eine große Rolle spielt, ist auch die Ungleichheit zwischen ihnen groß (Emrich/Denmark/Den Hartog 2004, 343). Die Kulturdimension der Gender-Gleichheit gibt damit an, ob Frauen einen ähnlich hohen Status wie Männer besitzen können, ob sie in einer Gemeinschaft mitentscheiden, ob sie arbeiten, lesen und schreiben können und ob ihnen die Bildungsmöglichkeiten offen stehen, die auch Männern zugänglich sind (Emrich/Denmark/Den Hartog 2004, 359). Auf den zweiten Blick sagt die Dimension aber nicht nur viel über die Geschlechter, sondern auch über die grundsätzliche Frage aus, wie Menschen in der Wirtschaftskultur wahrgenommen werden.

Je größer der Grad an Gleichheit zwischen den Geschlechtern, desto weniger bestimmt der biologische Unterschied des Geschlechts den Platz, den ein Individuum später in der Kultur einnehmen kann (Emrich/Denmark/Den Hartog 2004, 347). Der Grad an Gender-Gleichheit weist damit auch darauf hin, inwiefern Menschen in der Kultur als grundsätzlich gleich begriffen werden. Das gilt einmal mehr, da Gender nicht das biologische, sondern das sozial konstruierte Geschlecht bezeichnet. Das bedeutet, dass der Begriff Gender zu verstehen hilft, warum, kurz gesagt, ein Mann, der sich ausschließlich in Frauenkleidern und auch mit dem Verhalten und der Stimmlage einer Frau bewegt, dieselben Diskriminierungen erfährt wie Frauen, obwohl er rein biologisch ein Mann ist. Ähnliche Beispiele ließen sich mit intersexuellen Menschen (mit zugleich männlichen und weiblichen Geschlechtsmerkmalen) oder mit Homosexuellen finden.

An der Gleichheit zwischen Männern und Frauen zeigt sich damit auch die Bereitschaft einer Wirtschaftskultur, Menschen mehr über ihr Tun und weniger über ihre Abstammung oder ihre biologischen Eigenschaften zu beurteilen.

Für die Kommunikation bedeutet das, dass es bei großer Gender-Gleichheit weniger Rituale und Kommunikationscodes gibt, die der Aufrechterhaltung sozialer Ungleichheit dient. Stattdessen führt eine größere Gleichheit zwischen den Menschen dazu, dass Kommunikation mehr auf Augenhöhe abläuft. Auf diese Weise kann problemorientierter kommuniziert werden, was dazu führt, dass eine Wirtschaftskultur besser Krisen bewältigen und Innovationen hervorbringen kann. Deutlich wird die angedeutete Ausstrahlung der Kulturdimension auf die gesamte Wirtschaftskultur durch einige Korrelationen, die nachgewiesen wurden.

So konnte zum Beispiel gezeigt werden, dass Wirtschaftskulturen mit einer großen Gender-Gleichheit wirtschaftlich erfolgreicher sind (Emrich/Denmark/Den Hartog 2004, 367).

Etwas ganz Ähnliches zeigte sich auch bei der Korrelation mit der Gesundheit einer Gesellschaft. Sie wurde über die Einzelfaktoren der Gesundheit der Menschen, ihre Lebenserwartung, ihre psychische Gesundheit und ihr generelles Wohlbefinden erhoben (Emrich/Denmark/

Den Hartog 2004, 368). Auch hier zeigte sich eine positive Korrelation zur Gender-Gleichheit. Mit Blick auf die in Kapitel 3.5.3 vorgestellten Führungscluster konnte zudem gezeigt werden, dass Gender-Gleichheit stark mit der Akzeptanz eines partizipativen Führungsstils einhergeht (Emrich/Denmark/Den Hartog 2004, 373). Auch diese Erkenntnis unterstreicht, dass die Gleichheit unter den Geschlechtern zu einer offeneren Kommunikationskultur beiträgt und deswegen ein wichtiger Indikator dafür ist, welchen Kommunikationsstil sie in einer bestimmten Wirtschaftskultur erwarten sollten.

Kulturell intelligent kommunizieren

Die Forschung zur kulturellen Intelligenz beurteilt Kulturen nicht. Kommunikation wird von der interkulturellen Managementforschung nicht in gute oder schlechte unterschieden, sondern danach untersucht, welchen Regeln sie folgt. Die Logik jeder spezifischen Wirtschaftskultur muss verstanden werden, wenn in fremden Kulturen erfolgreich kommuniziert und gehandelt werden soll. Natürlich spielt Kommunikation bei jedem Schritt im Managementprozess eine entscheidende Rolle. Deswegen ist es auch so wichtig zu verstehen, auf welche Weise sie vonstattengeht. Neben dem guten bis sehr guten Beherrschen der lokalen Sprache oder einer gemeinsamen Kommunikationssprache mit den Gastgebern müssen wichtige

Eigenarten der fremden Kommunikation verstanden. Im selben Moment müssen Sie in der Lage sein, von Ihrem üblichen Kommunikationsverhalten bei Bedarf Abstand zu nehmen, wenn Sie beobachten, dass Sie nicht so verstanden werden, wie Sie es beabsichtigt hatten. Damit sind wieder alle vier Dimensionen der kulturellen Intelligenz (Wissen, Selbstreflexion, Neugier und Verhaltensanpassung) angesprochen.

Es ist offensichtlich, wie leicht solche Situationen einen überfordern können. Umso wichtiger ist es, dass Sie langsamer als in ihrem gewohnten Umfeld sprechen und handeln.

> Wenn Sie langsam sprechen, können Sie genauer die Reaktionen beobachten, die Ihre Worte auslösen. In den meisten Situationen ist es außerdem möglich nachzufragen, ob und wie die eigenen Worte verstanden werden.

Sie selbst können wichtige Punkte Ihres Gesprächspartners noch einmal mit Ihren eigenen Worten zusammenfassen. Dadurch erhält er die Möglichkeit zu überprüfen, ob seine Nachricht so bei Ihnen angekommen ist, wie er das beabsichtigt hatte. Feedbackschleifen sind bei unsicherer Kommunikation unabdingbar, um Vertrauen und Verständnis für den anderen aufzubauen. Wenn Sie die Besonderheit der interkulturellen Kommunikationssituation ansprechen und so auch Ihr Gegenüber dafür sensibilisieren und wenn Sie Nachfragen stellen, weil Sie sicher gehen wollen, korrekt verstanden worden zu sein, können Sie schnell gemeinsames Vertrauen aufbauen. Jeder erfolgreiche Austausch führt zu einer Zunahme an gegenseitigem Vertrauen. Aber auch aus Kommunikationsfehlern können Sie viel lernen und durch das Korrigieren der Fehler kann es sogar gelingen, das gemeinsame Vertrauen zu erhöhen, das die Basis jeder erfolgreichen Kommunikation bildet. Wichtig ist es dafür, wann immer nötig in die Metaperspektive zu wechseln, das heißt, bereit zu sein, über die gemeinsame Kommunikation zu sprechen und nicht nur über den beruflichen Sachinhalt. Wie das gelingen oder auch misslingen kann, sollen zwei Beispiele aus der interkulturellen Praxis zeigen.

Beispiel: China

Im Mittelpunkt des ersten Beispiels steht ein europäischer Bänker aus dem germanischen Cluster, der nach China kommt, um sich dort mit der Wirtschaft vertraut zu machen. Als Fachmann für die Volkswirtschaften Europas weckt er das Interesse eines chinesischen Fachmanns, der an einem der Wirtschaftsinstitute arbeitet, die der Europäer auf seiner Reise besucht. Der Fachmann möchte ihn gern für eine längere Zeit nach China einladen. Auf sein Angebot, doch gern zwei Monate am chinesischen Institut arbeiten zu können, entgegnet der Europäer, dass ihn das Angebot sehr interessiere. Allerdings müsse er erst mit seiner Abteilung Rücksprache halten, ob er für längere Zeit in China arbeiten könne. Der chinesische Fachmann deutet diese Antwort als eine Absage und geht auch nicht mehr auf den Europäer ein, als dieser ihm einige Woche nach dessen Rückkehr telefonisch mitteilen will, dass er das Einverständnis seiner Abteilung für die neuerliche Reise erhalten hat (nach Thomas/Inkson 2003, 101).

Am Beispiel wird deutlich, dass sich die vier Botschaften, die durch eine Nachricht kommuniziert werden, sehr zwischen den Kulturen unterscheiden können. Die Auskunft des Europäers, interessiert zu sein, aber erst noch das OK aus der Heimat einholen zu müssen, wurde von chinesischer Seite offenbar völlig anders verstanden. Die Botschaft, die dort ankam, lautete, dass der Europäer, erstens, kein Interesse an einem längeren Aufenthalt in China habe und dass er, zweitens, zugleich so eine niedrige Stellung im Unternehmen besitzt, dass er in der Verwaltung erst um Erlaubnis fragen muss (Thomas/Inkson 2003, 103). Vonseiten des Europäers waren die Botschaften andere: Er äußerte sein großes Interesse und wies der Ordnung halber darauf hin, dass seine Zusage noch nicht endgültig sei, dass die Zustimmung aus der Heimat aber kaum mehr als eine Formsache bedeute.

Entscheidend für das Missverständnis ist der Unterschied darin, wie beide kulturellen Cluster ein Nein kommunizieren. In dem auf Durchsetzungsstärke, Individualismus und Unsicherheitsvermeidung gründenden germanischen Cluster kann und sollte auch ein Nein sehr klar und explizit kommuniziert werden, damit es verstanden wird. In kollektivistischen Kulturen und in Kulturen mit einem hohen Grad an humaner Orientierung wird dagegen versucht, Menschen nicht vor den Kopf zu stoßen und zu beschämen. Eine Verneinung wird deswegen kaum offen ausgesprochen, denn sie könnte als offensiv und missachtend verstanden werden. (Nur in Klammern sei angemerkt, dass sich Manager aus dem germanischen Cluster nicht selten genau dann missachtet fühlen, wenn ihnen kein reiner Wein eingeschenkt wird.) Aufgrund der unterschiedlichen Kommunikationskonventionen im germanischen und im konfuzianischen Cluster kam es in der Beispielsituation zu einem Missverständnis, durch das eine Zusage als eine Absage verstanden wurde. Die deutlichere Dankbarkeit des europäischen Gastes und seiner mehrfachen Versicherung, dass er sich sehr auf freuen würde, wenn sein Aufenthalt in China zustande komme, hätten wahrscheinlich geholfen, die Situation weniger missverständlich zu machen. Dafür hätte es allerdings eines größeren Wissens des Europäers um die verdeckten und indirekten Kommunikationsstrategien in China bedurft. In der konkreten Beispielsituation wäre es jedenfalls keine Option gewesen, den Chinesen zu einer vertieften Nachfrage zu motivieren, denn das wäre in seiner Kultur ein Tabu gewesen.

Beispiel: Indonesien

Im zweiten Beispiel befinden wir uns an der Seite eines indonesischen Abteilungsleiters, der für eine Reihe von Meetings zu seinem Mutterkonzern in die USA gekommen ist. Er hat bereits an einigen Meetings teilgenommen, aber noch keine eigenen Redebeiträge gegeben. In einem der letzten Meetings, die er besucht, geht es endlich um die Situation in Indonesien. Kurz vor dem Ende des zweistündigen Treffens ergreift er kurz das Wort und macht einen interessanten Vorschlag zur Lösung des diskutierten Problems. Einer der amerikanischen Manager fragt ihn daraufhin mit einer Mischung aus Empörung und Verzweiflung, wieso er so lange gewartet habe, seinen Beitrag zu machen (Brislin et al. 1986, 169).

Um zu verstehen, was den indonesischen Abteilungsleiter dazu gebracht hat, so lange mit seinem Statement zu warten, ist es erneut entscheidend, an die kollektivistische Kultur des Südasien-Clusters zu erinnern. Die Unterscheidung zwischen individualistischen und kollektivistischen Wirtschaftskulturen spielt immer eine zentrale Rolle, das haben wir schon zu Beginn des Praxisteils betont. So auch hier wieder: In der kollektivistischen Kultur Indonesiens ist es nicht erwünscht, dass sich Individuen gegenüber der Gruppe hervortun. Das Kollektiv steht immer an erster Stelle. Um aber dennoch die Impulse von Einzelnen zum Wohl der Gruppe aufnehmen zu können, ist es in Indonesien üblich, wichtige Ideen flüchtig und kurz vor dem Ende eines Meetings in den Raum zu werfen, damit das betreffende Individuum keine große Aufmerksamkeit auf sich zieht (Brislin et al. 1968,185).

Im krassen Gegensatz zu den individualistischen Wirtschaftskulturen sind individuelle Beiträge in kollektivistischen Wirtschaftskulturen verpönt und gelten als unangemessen.

Eine kulturell intelligente Kommunikation muss um diese Unterschiede wissen und kreative Strategien finden, wie dennoch alle Betroffenen in die Kommunikation eingebunden werden können. Ansonsten ginge die große Leistungsfähigkeit multikultureller Teams und Organisationen verloren. Sie sind in einer globalen Wirtschaftswelt aber gerade besonders wichtig.

Eine der Kommunikationstechniken, die auf der kulturellen Intelligenz basieren, heißt CQ-Talk. Sie gründet auf der Erkenntnis, dass nur Einheimische wirklich wissen, welche kulturellen und kommunikativen Codes und Konventionen es gibt und welche Rolle sie spielen. Deswegen bestehen CQ-Talks darin, mit den Geschäftspartnern über ihre eigene Kultur ins Gespräch zu kommen. Denn letztlich kann kein interkulturelles Training das Wissen ersetzen, dass Menschen vor Ort über ihre eigene Kultur vermitteln können.

> Die Besonderheit von CQ-Talks besteht darin, dass sie die metakognitive Dimension von kultureller Intelligenz nutzen und damit zu einer Veränderung des Verhaltens führen (Rogers 2015, 250).

Durch die aufmerksamen Gespräche auf Augenhöhe lernen die Gesprächspartner über die Kultur des jeweils anderen, lernen, aktiv und zielstrebig nach den Eigenarten der Kultur ihres Gegenübers zu fragen. Auf dieser Basis verstehen sie dann, welches Verhalten angemessen ist. Die Dialogeinstellung kann als die eines teilnehmenden Beobachters verstanden werden. Kulturelle Intelligenz ist die Voraussetzung dafür, CQ-Talks erfolgreich führen zu können. Deutlich wird das auch an dem empirischen Nachweis, dass Menschen mit kultureller Intelligenz bei abrupten Krisensituationen in interkulturellen Kontexten besser und erfolgreicher kommunizieren können als Menschen, die im Test ihrer kulturellen Intelligenz schlechter abschneiden (Maldonado/Vera 2014).

Vier alternative Strategien für CQ-Talks lassen sich unterscheiden:

(1) Die Strategie Untersuchung/Überprüfung (*inquiry/checking*) befragt den Gesprächspartner nach dessen Erfahrungen und Wissen sowie nach seinen Absichten und der Bedeutung seines Tuns. Als Beispiel kann die Frage dienen, ob der Gesprächspartner eine bestimmte Situation schon einmal erlebt hat oder wie eine bestimmte Bemerkung gemeint gewesen sei.

(2) Durch die Strategie Selbstauskunft (*self-revelation*) gibt eine kulturell intelligente Person etwas über sich preis, was dem Gesprächspartner hilft, die interkulturelle Situation besser zu verstehen. Zu dieser Strategie zählt etwa die Auskunft, bislang noch keine Auslandserfahrungen gemacht zu haben.

(3) Die Strategie Korrektur/Alternativen (*correction/alternatives*) kann eingesetzt werden, um die eigene Position noch einmal neu zu formulieren, wenn der Gesprächspartner mit einer Ablehnung geantwortet hat. Als Beispiel lässt sich an eine Situation denken, in der vorgeschlagen wird, das bisher schleppend verlaufene Gespräch auf den nächsten Tag zu verschieben oder per E-Mail weiter zu führen.

(4) Die Strategie des Bauens (*building*) nutzt das gemeinsame Gespräch, damit beide Gesprächspartner etwas lernen können. Es besteht darin, mit dem Gesprächspartner zusammen zu Erkenntnissen zu gelangen, die zuvor keinem der beiden Dialogpartner bewusst waren.

Die zuletzt genannte Strategie unterstreicht, wie wichtig Aufgeschlossenheit und Wohlwollen im Gespräch sind – und das nicht nur, wenn es um das Bauen als Strategie in einem CQ-Talk geht. Letztlich kann keine Form der Kommunikation gelingen, wenn Menschen aus einander wenig bekannten Kulturen nicht freundlich und hilfsbereit miteinander umgehen. Die Neugierde auf das Unbekannte, umso stärker aber noch die Achtung und der Respekt für das Unbekannte sind ein zentraler Bestandteil jeder kulturell intelligenten Interaktion.

Das Wichtigste zusammengefasst

Kommunikation findet ständig und überall statt. Da jedes Verhalten von Menschen immer *auch* eine Kommunikation darstellt, kann keiner von uns nicht nicht kommunizieren. Umso wichtiger ist es deshalb zu verstehen, welche Informationen vermittelt werden, wenn Kommunikation stattfindet und Nachrichten von einem Sender an einen Empfänger übermittelt werden. Das Kommunikationsmodell nach Schulz von Thun ist nützlich, um ein Verständnis über die komplexen Abläufe während des Kommunizierens zu bekommen, denn es zeigt, dass jede explizite Nachricht vier Botschaften enthält und jede implizite, nonverbale Nachricht drei Botschaften. Die vier Botschaften vermitteln einen Sachinhalt und sagen etwas über die Eigenschaften des Senders aus. Darüber hinaus teilen Nachrichten etwas über die Beziehung mit, in der Sender und Empfänger miteinander stehen, sowie über die Reaktion, die sich der Sender vom Empfänger der Nachricht wünscht. Die vier Leitfragen, die diese Botschaften abfragen, sind auch für die Kommunikation in interkulturellen Kontexten unumgänglich, denn die Komplexität von Kommunikation kann schnell dazu führen, dass sich Menschen in fremden Kulturen kommunikativ überfordert fühlen. Das ist insbesondere auch deswegen der Fall, weil die nonverbale Kommunikation ein ebenso wichtiger Bestandteil von Kommunikation wie die verbale Kommunikation. Beide sind in der Wirklichkeit eng miteinander verschränkt und bestimmen erst im Zusammenspiel, aus welchen Informationen eine Kommunikationshandlung eigentlich besteht.

Über die vier Botschaften jeder Nachricht hinaus spielen für das Verständnis interkultureller Kommunikation wiederum die neun Kulturdimensionen eine wichtige Rolle, die helfen, die Länder der Welt in geografische Cluster mit ähnlichen Wirtschaftskulturen einzuordnen. Neben den acht Kulturdimensionen, die in den vorangegangenen Kapiteln vorgestellt wurden, besitzt die Dimension der Gender-Gleichheit einen besonderen Einfluss auf die Weise, wie in einer Wirtschaftskultur kommuniziert wird. Gemeinhin geht die Gleichheit zwischen den Geschlechtern mit einer individualistischen, den Einzelnen achtenden Einstellung einher. Mehr als die natürlichen

Unterschiede steht hier die soziale Gleichwertigkeit aller Menschen im Mittelpunkt, sodass auch die Kommunikation weniger hierarchisch und ritualisiert abläuft.

Eine Technik, um diese Gleichheit zwischen den Gesprächspartnern selbst dort herzustellen, wo sie aufgrund kultureller Besonderheiten und Unterschiede eigentlich nicht besteht, bildet der CQ-Talk. Mit seiner Hilfe können Gesprächspartner gezielt ihre kommunikativen Stärken und Unsicherheiten ansprechen, um Vertrauen und Verständigung zu erzeugen. Gezielte Fragen und Auskünfte, aber auch bewusst geschaffene kommunikative Schutzräume dienen in diesem Rahmen der besseren Verständigung und helfen im besten Fall beiden Kommunikationspartnern nicht nur mehr über den Gegenüber, sondern auch über sich selbst zu erfahren.

Digitale Kommunikation intelligent meistern

Wie Digitalisierung Kulturen verändert

Als das Konzept der kulturellen Intelligenz Anfang der 2000er Jahre erstmals vorgestellt wurde, war die erste Dotcom-Blase gerade geplatzt. Dass Computer eine immer wichtigere Rolle in Unternehmen spielen würden, war völlig klar. Wie schnell die digitale Transformation jedoch einsetzen und welche Konsequenzen aus ihr folgen würden, war nicht absehbar. Heute sind Digitalisierung und insbesondere ihre aktuellen Forschungs- und

Entwicklungsbereiche Industrie 4.0 sowie Künstliche Intelligenz die entscheidenden Themen für eine langfristige Sicherung der unternehmerischen Wettbewerbsfähigkeit. Aus diesem Grund ist es unbedingt notwendig, den Einfluss der Digitalisierung auf die Kultur und den intelligenten Umgang mit dieser neuen Einflussgröße zu beleuchten. Nach intensiver Bewertung des Megatrends Digitalisierung und seiner facettenreichen Ausprägungen auf strategischer und operativer Ebene zeigt sich, dass primär in den Bereichen des digitalen Nutzungs- und Kommunikationsverhaltens Handlungsbedarf besteht, da vor allem hier deutliche kulturelle Unterschiede sichtbar werden. Nachfolgend soll aufgezeigt werden, wie Sie Ihre digitale Kommunikation durch kulturelle Intelligenz verbessern können.

Digitale Kommunikation verspricht mehr Effizienz und Effektivität

Digitalisierung führt zu einer rasanten Beschleunigung von Abläufen auf vielen Ebenen. Auch die in- und externe Kommunikation findet in noch kürzeren Abständen mit einer meist großen Anzahl Teilnehmern unterschiedlicher Kulturen über neue Kommunikationsmedien statt. Zunehmend agiles und globales Arbeiten trägt dazu bei, dass sich beispielsweise schnell auf internationale Teams eingestellt werden muss. Damit verliert die Raum/Zeit-

Komponente an Bedeutung und die Komplexität in der Interaktion erhöht sich. Der zunehmende Zeitdruck sorgt zudem für einen „Auto-Pilot-Modus". Doch je schneller und intensiver mit verschiedenen Kulturen kommuniziert wird, desto höher das Fehler-Potenzial. Dies verstärkt die Bedeutung der kulturellen Intelligenz. Eine hohe Sicherheit und Professionalität in den interkulturellen Aktivitäten ist ein entscheidender Erfolgsfaktor.

Interkulturelle Kooperation wird dank der Digitalisierung auch für mittelständische Unternehmen problemlos realisierbar. Für kulturelle Intelligenz bedeutet das, dass sie wichtiger ist als jemals zuvor in der Geschichte. Noch nie war es so einfach, schnell und kostengünstig möglich, Wertschöpfungsketten über Kulturen hinweg zu diversifizieren und damit global zu wirtschaften. Das trifft auch auf die Transaktionskosten zu. Dank digitaler Informationssysteme wie dem Internet sinken die Kosten für die Beschaffung von Informationen und die Kontaktaufnahme mit potenziellen Stakeholdern, etwa durch eine Geschäftsanbahnung mit Lieferanten über Beschaffungsplattformen wie alibaba.com. Alles geht schnell und unkompliziert. Aber Achtung: Informelle Kommunikation ist kein weltweiter Standardfall. Wirtschaftskulturen mit stärkeren Hierarchien als in Deutschland, einer größeren Bedeutung von Kollektivität oder weniger ausgeprägtem zweckrationalen Handeln reagieren möglicherweise anders auf ihre Kontaktaufnahme, als Sie es hoffen. Die Transaktionskosten zu senken, ist damit kein Automatismus. Ohne kulturelle Intelligenz wird Ihnen der entscheidende Kontakt möglicherweise gar nicht gelingen.

Der vielleicht wichtigste Effekt der Digitalisierung besteht in der kontinuierlichen Veränderung der Kommunikation und Kommunikationsanwendung – privat, geschäftlich als auch zwischenmenschlich und in Verbindung mit digitalen Diensten wie Chatbots, Amazons Sprachassistentin Alexa oder die Sprachsuche bei Google. Das führt zu:

- einem radikal veränderten Nutzerverhalten (Einsatz von Icons, Bildern, Videos),
- einer Veränderung des Kommunikationsstils (Kurztexte in SMS-Stil) und
- der Verwendung alternativer Kommunikationsmedien (Whatsapp versus WeChat in China).

Mithilfe der aktuell verfügbaren Medien, wie E-Mails, Video-Conferencing, Short-Messenger Diensten oder unternehmensinternen Chat-Systemen kann zwar schneller und kostengünstiger kommuniziert werden, aber die Störanfälligkeit hinsichtlich Missverständnissen sowie Falschinterpretation erhöht sich signifikant. Zwischen den Kulturen führt dies verstärkt zu Irritationen. Das folgende Beispiel illustriert einen solchen Fall.

Beispiel: WeChat

Ein deutscher Manager will mit möglichen Geschäftspartnern in China Kontakt aufnehmen. Er schreibt E-Mails an verschiedene Personen, erhält aber keine Antwort. Er erzählt seiner chinesischen Mitarbeitern von den vergeblichen Versuchen. Sie bietet ihm an, die Kontaktaufnahme zu übernehmen und fragt ihn, ob er ihr die WeChat-Nummern seiner Kontaktpersonen geben könne. Als Antwort auf seinen fragenden Blick erklärt sie ihm, dass in China auch in Geschäftsfragen häufig über Messenger-Dienste kommuniziert wird. Anstatt formeller Ansprachen und offizieller Kommunikation über Post oder E-Mail wird der informelle und schnelle Weg über Chats gewählt. Nach wenigen Tagen meldet sich die Mitarbeitern beim deutschen Manager und berichtet ihm, den Kontakt hergestellt und sich bereits intensiv mit allen Beteiligten ausgetauscht zu haben.

Die transkontinentalen Unterschiede zeigen sich als kritischer Multiplikator.

Ein Blick in die Zukunft zeigt, dass wir uns aktuell erst in den Anfängen des digitalen Kommunikationszeitalters befinden. Künftig werden digitale Systeme in der Lage sein, Übersetzungen in Realtime zu ermöglichen, um Sprachbarrieren in Meetings zu überwinden. Vermutlich stehen dann auch ebenso neuartige Gehirn-Maschine-Schnittstellen zum kommunikativen Austausch zur Verfügung.

Auswirkungen der Digitalisierung auf Kulturen

Werden sich nationale Kulturen durch die Digitalisierung angleichen? Oder findet jede Wirtschaftskultur ihre eigene Weise, die Digitalisierung umzusetzen?

Ein Blick auf die kulturellen Besonderheiten im Umgang mit der Digitalisierung offenbart in der Tat Unterschiede zwischen den Wirtschaftsräumen. So hatten Menschen in Europa ihren ersten Zugang zur Welt der Computer vorrangig über Personalcomputer, während in Japan die Digitalisierung über mobile Endgeräte voranschritt. Smartphones spielen deswegen eine viel größere Rolle für die dortigen Produkte und Dienstleistungen von Unternehmen. Begünstigt wurde das durch ostasiatische Schriftzeichen. Sie sind zwar komplizierter einzugeben als lateinische, aber sie benötigen deutlich weniger Platz auf der Anzeige, sodass in Japan und China leichter auf Smartphones gearbeitet werden kann (Reunter 2012b, 10). Über Beobachtungen wie diese hinaus gibt es erst wenige Studien zur Auswirkung der Digitalisierung auf Interkulturalität. Welche Effekte die Digitalisierung auf die einzelnen Kulturcluster tatsächlich haben wird, ist nicht hundertprozentig absehbar, allerdings ist es möglich, einige Tendenzen abzuschätzen.

Twitter, Messenger, Slack, E-Mails – alle digitalen Kommunikationsformen ermöglichen heute eine direktere, schnellere Kommunikation. Nicht nur zwischen zwei Individuen, sondern zwischen ganzen Gruppen von Personen und für unsere Betrachtung viel wichtiger: über formelle und informelle Hierarchieebenen und Gruppengrenzen hinweg. Wer kennt nicht die E-Mail-Ketten bei denen die Hälfte aller Angestellten inklusive des CEOs über ein Thema diskutiert.

Aber nicht überall ist es möglich, diese informelle digitale Kommunikation zu nutzen. Das folgende Beispiel zeigt, dass digitale Kommunikation nicht immer das Kontaktmittel der ersten Wahl sein sollte:

Beispiel: Indien

Ein Schweizer Unternehmen möchte einen Kontakt nach Indien aufbauen. Es werden mehrere ausführliche E-Mails geschrieben, die das Interesse und die Motivation des Unternehmens erläutern, sich in Indien zu engagieren. Nicht auf alle E-Mails erhalten sie Antwort und wenn, dann sind es nur wenige Zeilen, aus denen kaum deutlich wird, ob auf der indischen Seite ebenfalls Interesse an einer Zusammenarbeit besteht. Nachdem es trotz mehrerer Versuche aufseiten des Schweizer Managements auch nach Wochen noch keinen Fortschritt gibt, wird ein indischer Mitarbeiter zurate gezogen. Ihm gelingt es im Handumdrehen, die indischen Partner zu ausführlichen Antworten und einer verbindlichen Zusammenarbeit zu bewegen. Beim ersten Besuch der indischen Manager in der Schweiz wird deutlich, dass sie über E-Mails kein Vertrauen aufbauen konnten. Dafür hätte es eines persönlichen Kontaktes in der realen Welt bedurft. Erst die Kommunikation mit einem Landsmann hatte das minimale Vertrauen erzeugt, das nötig war, damit sich die Geschäftspartner auch wirklich Treffen konnten. Nachdem das Kennenlernen deutlich gemacht hatte, wie sehr sich die Schweizer um die Zufriedenheit ihrer indischen Partner kümmerten, gab es von indischer Seite kein Zögern mehr.

Für Wirtschaftskulturen folgt daraus, dass die Digitalisierung zu einer Verringerung von Machtdistanz führen wird. Mitarbeiter verschiedener Hierarchieebenen können leichter in Kontakt miteinander treten und Unterschiede zwischen den Ebenen werden flacher. Der Umfang an Kommunikation nimmt weiter zu, die Adressatengruppen werden größer und kulturell diverser und damit wird kulturelle Intelligenz zu einer Schlüsselfähigkeit, weil Menschen aus verschiedenen Kulturen sich in denselben Kommunikationsforen bewegen. Trotz der großen

Autonomie der einzelnen Mitarbeiter und der agilen Teams, in denen sie arbeiten, muss zugleich ein großer Aufwand betrieben werden, um die flachen Kommunikationshierarchien zu pflegen und zu moderieren. Nur unter dieser Voraussetzung können Mitarbeiter über Hierarchieebenen und Kulturgrenzen hinweg effizient miteinander kommunizieren – je stärker mir dies bewusst ist und je besser ich als Führungskraft oder Angestellter über kulturelle Grenzen hinweg kommunizieren kann desto eher werde ich meine Ziele erreichen.

Digitale Medien sind tendenziell wechselseitiger als analoge Kommunikationswege. Sie sind aber auch anonymer, sodass gerade in interkulturellen Kontexten die Gefahr besteht, dass der persönliche Kontakt, der für interkulturelle Kommunikation häufig entscheidend ist, nicht zustande kommt. Hier muss durch das Zusammenspiel von Experten für Kommunikation und für Interkulturalität bewusst geplant werden, wie die Möglichkeiten und Einschränkungen digitaler Medien bestmöglich genutzt werden können. So findet etwa beim Ausfüllen eines Kontaktformulars keine wechselseitige Kommunikation statt, obwohl sein Inhalt in Echtzeit übermittelt wird. Stattdessen wird die Kommunikation durch den Sender dominiert und es liegt dann in der Verantwortung des Unternehmens, die Kommunikationserwartungen des Senders nicht zu enttäuschen (Reutner 2012a, 41). Findet eine derartige einseitige Kommunikation über Kulturgrenzen hinweg statt, kann es für ein Unternehmen schwer werden, mögliche Missverständnisse allein durch das Versenden einer E-Mail auszuschließen. Hierarchien verflacht die digitale Kommunikation auch, weil sie nach Jahrzehnten der schriftlichen Kommunikation durch Briefe und der mündlichen Kommunikation durch Telefone zunehmend das Bild zurückbringt. Die kostengünstige Verbreitung von Video-Telefonie führt zu mehreren Effekten. Eine Person vor sich sehen zu können, trägt zu einer größeren Nähe bei und erleichtert den Aufbau von Vertrauen. Was früher als Kontaktpflege nur über teure Dienstreisen möglich war, lässt sich heute viel kostengünstiger und häufiger über Videotelefonie erreichen. Ein weiterer Effekt besteht darin, dass Missverständnisse in der Kommunikation deutlich verringert werden können. Digitaler Blickkontakt erleichert die Interaktion ungemein und reduziert die Missinterpretation der Inhalte. Das gilt bereits für die Kommunikation innerhalb Deutschlands, aber noch einmal mehr für die Kommunikation über Kulturgrenzen hinweg. Voraussetzung dafür ist aber selbstverständlich, dass die jeweiligen Mitarbeiter über das notwendige Maß an kultureller Intelligenz verfügen (Reutner 2012a, 47).

Das Wichtigste zusammengefasst

Die Digitalisierung erleichtert es Führungskräften und Mitarbeitern, ihre kulturelle Intelligenz auszuspielen. Der Grund dafür besteht in der extremen Erleichterung von Kommunikation, die schneller, billiger und durch Videotelefonie auch viel leistungsfähiger ist als noch vor zehn oder zwanzig Jahren.

Auch Informationen lassen sich viel leichter und in einer größeren Qualität als früher sammeln. Dadurch entstehen neue unternehmerische Prozessabläufe und innovative Produktideen. Digital erfolgreich kommunizieren kann allerdings nur, wer das nötige Wissen und die nötige Technik besitzt und sie auch zu nutzen weiß. Aber selbst dann ersetzt digitale Kommunikation nicht reale Treffen. Das Beispiel Indien hat deutlich gemacht, dass der Aufbau von Vertrauen auch in der digitalen Zeit massiv von persönlichen Begegnungen abhängt.

Sobald die Digitalisierung Einzug gehalten hat, verflachen sich die Hierarchien zwischen den Kommunikationspartnern. Diese Veränderung wird vor allem Kulturcluster mit großer Machtdistanz und ausgeprägten Hierarchien vor Herausforderungen stellen. Aber auch in Deutschland ist es nicht immer einfach, eine Balance zu finden zwischen dem Angebot einer wechselseitigen Kommunikation auf Augenhöhe und der Notwendigkeit, Kommunikation moderieren und steuern zu müssen, um

Missverständnisse und die Verletzungen interner oder kultureller Konventionen zu verhindern. Bei allen genannten Aufgaben ist kulturelle Intelligenz ein unverzichtbarer Begleiter. Sie ermöglicht, dass Kooperationen technologisch und sozial klug geplant werden. Sie garantiert aber auch, dass effiziente Kommunikationskanäle aufgebaut werden, in denen Missverständnisse und Konflikte über Kulturgrenzen hinweg wahrgenommen und gelöst werden können.

4.

Das eigene Unternehmen internationalisieren

Mit kulturellem Know-How das Unternehmen stärken

Internationale Ausrichtung ist ein Muss

Die Wirtschaft handelt heute global. Auch wenn sich internationale Beziehungen oder Wachstumsregionen weiterhin verändern, wird internationales Wirtschaften eine Kernaufgabe für Absatzwachstum und damit Zukunftssicherung des Unternehmens bleiben. Begründet durch gesättigte Märkte und die limitierten Potenziale des EU-Binnenmarktes ist vor allem für deutsche und europäische Unternehmen die internationale Ausrichtung ein Muss. Doch langwierige Geschäftsanbahnungen, Unsicherheit in den Verhandlungen, eine komplizierte Projektkoordination und eine hohe Abbruchquote (Failure Quotes) sind weiterhin große Hürden zwischen dem Wunsch des internationalen Erfolges und der Realität. Um diese Lücke zwischen Anspruch und Wirklichkeit zu schließen, muss die Internationalisierung im eigenen Unternehmen beginnen.

Mit Geschäftspartnern und Kollegen aus fernen Kulturen zusammenzuarbeiten, scheint auf den ersten Blick selbstverständlich. Doch die tatsächliche Zusammenarbeit mit internationalen Geschäftspartnern ist häufig sehr ungewohnt (Kontaktaufbau nach Zentralafrika). Der Umgang mit Mitarbeitern, die migrantische Wurzeln haben (Deutsch-Türken, Deutsch-Italiener etc.) ist nahezu gelernt. Kollegen aus entlegenen Wirtschaftsregionen sind aber nach wie vor selten (Indien, China). Das führt schnell zu großer Unsicherheit und teils sogar Ablehnung

(Gebetspause für muslimische Kollegen, Essensgewohnheiten in der Kantine). Sprach- und Kulturbarrieren sind leider unverändert eine zentrale Hürde.

Kulturelles Interesse wecken

Eine zentrale Aufgabe des Managements muss es sein, für Offenheit und Interesse im eigenen Unternehmen zu werben. Die persönlichen Schnittstellen in entlegene Wirtschaftsregionen (arabische, asiatische Welt) sind bei Mitarbeitern mehrheitlich nur durch Urlaube und Erzählungen Dritter gegeben und damit gering. Das konkrete Wissen über und der routinierte Umgang mit arabischen und asiatischen Geschäftsgepflogenheiten ist noch sehr gering, lediglich die Manager an den Schnittstellen besitzen Erfahrungen und Wissen.

Resümee 1
In Unternehmen ist vielfach noch Grundlagenarbeit zu erledigen – starten Sie heute damit.

Wenn es dem Management gelingt, die Unternehmenskultur im wahrsten Sinne weltoffener auszurichten und die Personalstruktur bedarfsgerecht zu entwickeln, nämlich im Einklang mit der internationalen Wertschöpfungskette des Unternehmens, sind bereits wertvolle Schritte für erfolgreiches internationales Agieren gelegt. Dieser Schritt kann für viele Unternehmen durchaus als eine notwendige strategische Weiterentwicklung verstanden werden, gleichzusetzen mit der Notwendigkeit zur stärkeren Digitalisierung des Unternehmens. Intensive Schulungen, Workshops und Anpassung im Recruiting sind essentiell.

Resümee 2
Die Erfolgswahrscheinlichkeit steigt durch kulturelles Wissen und kulturelle Vielfalt.

Sodann gilt es, die Schlüsselpositionen im Unternehmen gezielt zu stärken. Kulturelle Intelligenz als erweiterten Kompetenzbaustein der relevanten Manager und Mitarbeiter ist ein Muss. Mit kultureller Intelligenz können Sie gezielt den Erfolg Ihres Unternehmens verbessern, weil Sie in der Lage sind, sich über Kulturgrenzen hinweg neue Produktions- und Absatzmärkte zu erschließen. Professioneller Kontaktaufbau, schnelleres Ice-Breaking, gezieltes Relationship Management, verbessertes Verhandlungsgeschick und höherer Projekterfolg werden hierbei die Früchte Ihrer Maßnahmen sein.

Resümee 3
Manager und Nachwuchskräfte müssen für die Verbesserung der internationalen Performance gezielt entwickelt und positioniert werden.

Nur mit kultureller Intelligenz können globale Märkte erschlossen werden und Ihre Mitarbeiter im Ausland erfolgreich sein. Die Fähigkeiten, die Manager und Mitarbeiter durch ein Training in kultureller Intelligenz verbessern, werden ihnen aber auch in Deutschland im Umgang mit Menschen aus verschiedenen Kulturen helfen und dadurch effizienter machen. Die Verwirklichung der Facetten von kultureller Intelligenz werden auf diese Weise nach einer Weile das gesamte Unternehmen durchdringen, den unternehmerischen Aktionsradius vergrößern und neue Handlungsoptionen eröffnen.

Resümee 4
Kulturelle Intelligenz in Unternehmen kann wissenschaftliche gemessen werden.

Kulturelle Intelligenz ist nachweislich die Fähigkeit, mit der Sie in interkulturellen Kontexten mehr Erfolg haben. Dabei handelt es sich nicht um eine Modeerscheinung: Kulturelle Intelligenz ist kein trendiger Begriff, sondern ein wissenschaftlich begründetes Messinstrument, das bereits an mehreren Zehntausend Menschen auf seine Richtigkeit überprüft wurde. Mit kultureller Intelligenz weisen Sie die Fähigkeiten nach, Wissen über andere Kulturen zu besitzen, Ihr Wissen reflektieren und erweitern zu können, motiviert zu sein und sich entsprechend erfolgreich verhalten zu können.

Resümee 5
Kulturelle Intelligenz fördert und verbessert auch soziale und emotionale Intelligenz.

Mit kultureller Intelligenz werden sie die Fähigkeiten von Mitarbeitern aus anderen Kulturen leichter und erfolgreicher für Ihr Unternehmen fruchtbar machen können. Sie können effizienter mit Zulieferern kooperieren, die einen anderen kulturellen Hintergrund haben. Darüber hinaus ist es wahrscheinlich, dass Ihnen die Aspekte sozialer und emotionaler Intelligenz, die in kultureller Intelligenz enthalten sind, auch die Zusammenarbeit mit deutschen Stakeholdern und Kunden erleichtern.

Kultur bereichert die Intelligenz

Kulturelle Intelligenz wurde entwickelt, um die Wahrscheinlichkeit zu messen, mit der ins Ausland entsendete Manager erfolgreich sein werden. Ihre Bedeutung für

Unternehmen geht aber weit darüber hinaus. Durch kulturelle Intelligenz wird es möglich zu messen, welche Fähigkeiten einem Manager noch fehlen, um in einem interkulturellen Umfeld erfolgreich handeln zu können. Damit werden auch gezielte Trainings möglich. Anders als beim Konzept der generellen Intelligenz kann kulturelle Intelligenz gezielt verbessert werden. Das ist wichtig für die effiziente Durchführung von Qualifikationsmaßnahmen.

Kulturelle Intelligenz bündelt Aussagen über das interkulturelle Wissen einer Person (Kognition), über ihre Fähigkeit, das eigene Wissen reflektieren und gezielt verbessern zu können (Metakognition), über ihre Begeisterung für die jeweilige fremde Kultur (Motivation) und ihr Geschick, alle Kenntnisse in interkulturell erfolgreiche Handlungen münden zu lassen (Verhalten).

Die jahrelange Messung von kultureller Intelligenz bei Tausenden von Probanden hat gezeigt, dass Menschen mit höherem CQ nachweislich effektiver in interkulturellen Kontexten sind als Menschen mit geringerem CQ. Die wissenschaftliche Richtigkeit dieses Ergebnisses konnte dadurch bestätigt werden, dass die kulturell intelligenten Menschen nicht einfach generell intelligenter und erfolgreicher waren, sondern dass dies ganz besonders in einem interkulturellen Umfeld der Fall war.

Zu den kognitiven Aspekten von kulturell intelligenten Menschen gehört das Wissen um die Unterschiede zwischen Wirtschaftskulturen. Die GLOBE-Studie zum Verhalten von etwa 17.000 Managern aus 951 Organisation in 62 Ländern hat die Dimensionen geliefert, in denen sich Wirtschaftskulturen unterscheiden. Kulturell intelligente Manager erhalten mit diesen Dimensionen ein Instrumentarium, durch das sie ihr Verhalten in jedem Schritt des Managementprozesses reflektieren und optimieren können. Dadurch gelingt es, Ziele so zu formulieren, dass sie den Werten einer bestimmten Kultur nicht widersprechen. Planungen können in der Tiefe und in dem Umfang vorgenommen werden, damit Mitarbeiter aus allen Kulturen eingebunden und motiviert werden, sich voll in der Umsetzung zu engagieren.

Besonders relevant für Manager ist das Wissen um die kulturell unterschiedlichen Einstellungen dazu, wann eine Entscheidung als rational beurteilt werden kann und welche Führungsstrategien empfehlenswert sind, um die Entscheidungen auch verwirklichen zu können. Entscheidend für alle Schritte des Managementprozesses ist schließlich die Kommunikation. Auch sie unterscheidet sich zwischen den Kulturclustern und erst mit einem tieferen Verständnis davon, welche Botschaften in Kommunikationsprozessen tatsächlich ausgetauscht werden, können Sie Ihre interkulturelle Kommunikation zum vollen Erfolg führen.

Literatur

Adair, W. L.; Hideg, I.; Spence, J. R. (2013): The Culturally Intelligent Team: The Impact of Team Cultural Intelligence and Cultural Heterogeneity on Team Shared Values. In: Journal of Cross-Cultural Psychology 44, S. 941-962.

Ang, S.; Van Dyne, L.; Koh, C. S. K. (2006): Personality Correlates of the Four Factor Model of Cultural Intelligence. In: Group and Organization Management 31, S. 100-123.

Ang, S.; Van Dyne, L.; Tan, M. L. (2011): Cultural Intelligence. In: Sternberg, R. J.; Kaufman, S. B. (Hg.): The Cambridge Handbook of Intelligence. New York: Cambridge University Press, S. 582-602.

Ashkanasy, N.; Gupta, V.; Mayfield, M. S.; Trevor-Roberts, E. (2004): Future Orientation. In: House, R. J.; Hanges, P. J.; Javidan, M.; Dorfman, P. W.; Gupta, V. (Hg.): Culture, Leadership and Organizations: The GLOBE Study of 62 Societies. Thousand Oaks: Sage, S. 282-342.

Austin, E. J.; Saklofske, D. H. (2006): Viel zu viele Intelligenzen? Über die Gemeinsamkeiten und Unterschiede zwischen sozialer, praktischer und emotionaler Intelligenz. In: Schulze, R.; Freund, P. A.; Roberts, R. D. (Hg.): Emotionale Intelligenz. Ein internationales Handbuch. Göttingen et al.: Hogrefe, S. 117-137.

Baecker, D. (2012): Postheroische Führung. In: Grote, S. (Hg.): Die Zukunft der Führung. Berlin, Heidelberg: Springer Gabler, S. 475-490.

Baghat, R. S. (2006): Reviewed Work(s): Cultural Intelligence: Individual Interactions across Cultures by P. Christopher Earley and Soon Ang; Working across Cultures by John Hooker. In: The Academy of Management Review 31 (2), S. 489-493.

Binet, A.; Simon, T. (1911): La mesure du dévelopment d'intelligence chez les jeunes enfants. Paris: Coneslant.

Blessin, B.; Wick, A. (2014): Führen und führen lassen. Ansätze, Ergebnisse und Kritik der Führungsforschung. 7., vollständig überarbeitete Auflage. Konstanz, München: UVK.

Brislin, R. W.; Cushner, K.; Cherrie, C.; Yong, M. (1986): Intercultural Interactions. A Practical Guide. Beverly Hills, London, New Delhi: Sage.

Carl, D.; Gupta, V.; Javidan, M. (2004): Power Distance. In: House, R. J.; Hanges, P. J.; Javidan, M.; Dorfman, P. W.; Gupta, V. (Hg.): Culture, Leadership and Organizations: The GLOBE Study of 62 Societies. Thousand Oaks: Sage, S. 513-563.

Chen, X.; Lui, D.; Portnoy, R. (2012): A Multilevel Investigation of Motivational Cultural Intelligence, Organizational Diversity Climate, and Cultural Sales: Evidence from U.S. Real Estate Firms. In: Journal of Applied Psychology 97, S. 93-106.

Chua, R. Y. J.; Morris, M. W.; Mor, S. (2012): Collaborating Across Cultures: Cultural Metacognition and Affect-Based Trust in Creative Collaboration. In: Organizational Behavior and Human Decision Processes 118, S. 116-131.

Comelli, G.; Rosenstiel, L. v.; Nerdinger, F. W. (2014): Führung durch Motivation: Mitarbeiter für die Ziele des Unternehmens gewinnen. 5., überarbeitete Auflage. München: Vahlen.

Den Hartog, D. N. (2004): Assertiveness. In: House, R. J.; Hanges, P. J.; Javidan, M.; Dorfman, P. W.; Gupta, V. (Hg.): Culture, Leadership and Organizations: The GLOBE Study of 62 Societies. Thousand Oaks: Sage, S. 395-436.

Dorfman, P. W.; Hanges, P. J.; Brodbeck, F. C. (2004): Leadership and Cultural Variation: The Identification of Culturally Endorsed Leadership Profiles. In: House, R. J.; Hanges, P. J.; Javidan, M.; Dorfman, P. W.; Gupta, V. (Hg.): Culture, Leadership and Organizations: The GLOBE Study of 62 Societies. Thousand Oaks: Sage, S. 669-719.

Dorfman, P.; Javidan, M.; Hanges, P.; Dastmalchian, A.; House, R. (2012): GLOBE: A twenty year journey into the intriguing world of culture and leadership. In: Journal of World Business 47, S. 504-518.

Elenkov, D. S.; Manev, I. M. (2009): Senior expatriate leadership's effects on innovation and the role of cultural intelligence. In: Journal of World Business 44, S. 357-369.

Emrich, C. G.; Denmark, F. L.; Den Hartog, D. N. (2004): Cross-Cultural Differences in Gender Egalitarism. In: House, R. J.; Hanges, P. J.; Javidan, M.; Dorfman, P. W.; Gupta, V. (Hg.): Culture, Leadership and Organizations: The GLOBE Study of 62 Societies. Thousand Oaks: Sage, S. 343-394.

Engelen, A.; Tholen, E. (2014): Interkulturelles Management. Stuttgart: Schäffer-Poeschel.

Enzensberger, H. M. (2007): Im Irrgarten der Intelligenz. Ein Idiotenführer. Frankfurt am Main: Suhrkamp.

Eysenck, H. J. (2004): Die IQ-Bibel. Intelligenz verstehen und messen. Stuttgart: Klett-Cotta.

Flynn, J. A. (1987): Massive IQ Gains in 14 Nations: What IQ Tests Really Measure. In: Psychological Bulletin 101 (2), S. 171-191.

Gelfand, M. J.; Bhawuk, D. P. S.; Nishii, L. H.; Bechtold, D. J. (2004): Individualism and Collectivism. In: House, R. J.; Hanges, P. J.; Javidan, M.; Dorfman, P. W.; Gupta, V. (Hg.): Culture, Leadership and Organizations: The GLOBE Study of 62 Societies. Thousand Oaks: Sage, S. 437-512.

Gelfand, M. J.; Jackson, J. C. (2016): From one mind to many: the emerging science of cultural norms. In: Current Opinion in Psychology 8, S. 175-181.

Groves, K. S.; Feyerherm, A. E. (2011): Leader Cultural Intelligence in Context: Testing the Moderating Effects of Team Cultural Diversity on Leader and Team Performance. In: Group & Organization Management 36, S. 535-566.

Groves, K. S.; Feyerherm, A. E.; Gu. M. (2015). Examining Cultural Intelligence and Cross-Cultural Negotiation Effectiveness. In: Journal of Management Education 39, S. 209-243.

Gupta, V.; Hanges, P. J. (2004): Regional and Climate Clustering of Societal Cultures. In: House, R. J.; Hanges, P. J.; Javidan, M.; Dorfman, P. W.; Gupta, V. (Hg.): Culture, Leadership and Organizations: The GLOBE Study of 62 Societies. Thousand Oaks: Sage, S. 178-218.

Hanges, P. J.; Dickson, M. W. (2004): The Development and Validation of the GLOBE Culture and Leadership Scales. In: House, R. J.; Hanges, P. J.; Javidan, M.; Dorfman, P. W.; Gupta, V. (Hg.): Culture, Leadership and Organizations: The GLOBE Study of 62 Societies. Thousand Oaks: Sage, S. 122-151.

Hassan-Yavuz, Safyah; Jakupec, Viktor (2017): The North-South Digital Divide: A Socio-Economic and Political Discourse. In: Banse, Gerhard; Stępień, Tomasz; Sułkowska-Janowska, Mariola;

Wojewoda, Mariusz (Hrsg.): Die Zukunft von Medien-Räumen. Zwischen Freiheit und Zwängen. Berlin: trafo, S. 91-100.

Hofstede, G. (1980): Culture's Consequences: International Differences in Work-Related Values. London: Sage.

Hofstede, G. (2001): Culture's Consequences: Comparing Values, Behaviors, Institutions, and Organizations Across Nations. 2nd edition. Thousand Oakes: Sage.

House, R. J.; Javidan, M. (2004): Overview of GLOBE. In: House, R. J.; Hanges, P. J.; Javidan, M.; Dorfman, P. W.; Gupta, V. (Hg.): Culture, Leadership and Organizations: The GLOBE Study of 62 Societies. Thousand Oaks: Sage, S. 9-28.

Imai, L.; Gelfand, M.J. (2010): The Culturally Intelligent Negotiator: The Impact of Cultural Intelligence (CQ) on Negotiation Sequences and Outcomes. In: Organizational Behavior and Human Decision Processes 112, S. 83-98.

Inglehart, R.; Basanez, M.; Moreno, A. (1998): Human Values and Beliefs: A Cross-Cultural Sourcebook. Ann Arbor: University of Michigan.

Javidan, M. (2004): Performance Orientation. In: House, R. J.; Hanges, P. J.; Javidan, M.; Dorfman, P. W.; Gupta, V. (Hg.): Culture, Leadership and Organizations: The GLOBE Study of 62 Societies. Thousand Oaks: Sage, S. 239-281.

Kabasakal, H.; Bodur, M. (2004): Humane Orientation in Societies, Organizations, and Leader Attributes. In: House, R. J.; Hanges, P. J.; Javidan, M.; Dorfman, P. W.; Gupta, V. (Hg.): Culture, Leadership and Organizations: The GLOBE Study of 62 Societies. Thousand Oaks: Sage, S. 564-601.

Kang, S.-M.; Day, J. D.; Meara, N. M. (2006): Soziale und emotionale Intelligenz: Gemeinsamkeiten und Unterschiede. In: Schulze, R.; Freund, P. A.; Roberts, R. D. (Hg.): Emotionale Intelligenz. Ein internationales Handbuch. Göttingen et al.: Hogrefe, S. 101-115.

Kiepas, Andrzej (2015): Rationale und reflexive Kompetenzen des Menschen in der Kultur von neuen Medien. In: Banse, Gerhard; Rothkegel, Annely (Hrsg.): Aneignungs- und Nutzungsweisen Neuer Medien durch Kreativität und Kompetenz. Berlin: trafo, S. 215-225.

Kihlstrom, J. F.; Cantor, N. (2000): Social Intelligence. In: Sternberg, R. J. (Hg.): Handbook of Intelligence. Cambridge: Cambridge University Press, S. 359-379.

Kluckhohn, C. (1951): The Study of Culture. In: Lerner, D.; Lasswell, H. D. (Hg.): The Policy Sciences: Recent Developments in Scope and Method. Stanford: Stanford University Press, S. 86-101.

Kuhl, J. (2010): Lehrbuch der Persönlichkeitspsychologie. Motivation, Emotion und Selbststeuerung. Göttingen et al.: Hogrefe.

Kumbruck, Ch.; Derboven, W. (2015): Interkulturelles Training: Trainingsmanual zur Förderung interkultureller Kompetenzen in der Arbeit. 3., vollständig überarbeitete Auflage. Berlin, Heidelberg: Springer.

Lang, R.; Baldauf, N. (2016): Interkulturelles Management. Wiesbaden: Springer Gabler.

Lee, C. (2011): Bounded Rationality and the Emergence of Simplicity Amidst Complexity. In: Journal of Economic Surveys 25 (3), S. 507-526.

Leung, K.; Ang, S. (2009): Culture, organizations, and institutions: an integrative review. In: Bahgat, R. S.; Steers, R. M. (Hg.): Cambridge Handbook of Culture, Organizations, and Work. Cambridge: Cambridge University Press, S. 23-45.

Matsumoto, D.; Hwang, H. C. (2013): Assessing Cross-Cultural Competence: A Review of Available Tests. In: Journal of Cross-Cultural Psychology 44 (6), S. 849-873.

Mintzberg, H. (1995): Die Strategische Planung: Aufstieg, Niedergang und Neubestimmung. München, Wien: Hanser.

Mintzberg, H. (2010): Managen. Offenbach: Gabal.

Moebius, S. (2010): Kultur. 2., überarbeitete Auflage. Bielefeld: transcript.

Moon, H. K.; Choi, B. K.; Jung, J. S. (2012): Previous International Experience, Intercultural Training, and Expatriates' Intercultural Adjustment: Effects of Cultural Intelligence and Goal Orientation. In: Human Resource Development Quaterly 23, S. 285-330.

Ng, K. Y.; Tan, M. L.; Ang, S (2011): Global culture capital and cosmopolitan human capital: The effects of global mindset and organizational routines on cultural intelligence and international experience. In: Burton, A.; Spender, J. C. (Hg.): The Oxford Handbook of Human Capital. New York, NY: Oxford University Press, S. 96-119.

Offermann, L. R.; Phan, L. U. (2002): Culturally Intelligent Leadership for a Diverse World. In: Riggio, R. E.; Murphy, S. E.; Pirozzolo, F. J. (Hg.): Multiple Intelligences and Leadership. Mahwah: Lawrence Erlbaum, S. 187-214.

Özbek-Potthoff, G. (2013): Implizite Führung im interkulturellen Kontext: Stand der Forschung, Erweiterung der Theorie und empirische Analyse. Wiesbaden: Springer Gabler.

Reutner, Ursula (2012a): Das interkulturelle Potential digitaler Medien im historischen Vergleich. In: Reutner, Ursula (Hrsg.): Von der digitalen zur interkulturellen Revolution. Baden-Baden: Nomos, S. 33-52.

Reutner, Ursula (2012b): Von der digitalen zur interkulturellen Revolution. In: Reutner, Ursula (Hrsg.): Von der digitalen zur interkulturellen Revolution. Baden-Baden: Nomos, S. 9-31.

Rockstuhl, T.; Ng, K. Y. (2008): The Effects of Cultural Intelligence on Interpersonal Trust in Multicultural Teams. In Ang, S.; Van Dyne, L. (Hg.): Handbook of Cultural Intelligence: Theory, Measurement and Applications. Armonk: M. E. Sharpe, S. 206-220.

Rockstuhl, T.; Seiler, S.; Ang, S.; Van Dyne, L.; Annen, H. (2011): Beyond General Intelligence (IQ) and Emotional Intelligence (EQ): The Role of Cultural Intelligence (CQ) on Cross-Border Leadership Effectiveness in a Globalized World. In: Journal of Social Issues 67 (4), S. 825-840.

Rogers, P. S. (2015): The Challenge of Behavioral Cultural Intelligence: What Might Dialogue Tell Us? In: Ang, S.; Van Dyne, L. (Hg.): Handbook of Cultural Intelligence: Theory, Measurement and Applications. Abingdon, New York: Routledge, S. 243-256.

Rost, D. H. (2013): Handbuch Intelligenz. Weinheim, Basel: Beltz.

Schmitz, L. (2015): Nationalkultur versus Berufskultur. Eine Kritik der Kulturtheorie und Methodik Hofstedes. Bielefeld: transcript.

Schulz von Thun, F. (2011): Miteinander reden 1: Störungen und Klärungen. Allgemeine Psychologie der Kommunikation. Reinbek bei Hamburg: Rowohlt.

Schwartz, S. H. (1994): Beyond Individualism-Collectivism: New Cultural Dimensions of Values. In: Kim, U.; Triandis, H. C.; Kagitçibasi, C.; Choi, S. C.; Yoon, G. (Hg.): Individualism and Collectivism: Theory, Method and Applications. London: Sage, S. 85-119.

Schwartz. S. H. (1992): Universals in the Content and Structure of Values: Theoretical Advances and Empirical Tests in 20 Countries. In: Advances in Experimental Social Psychology 25, S. 1-65.

Spearman, C. (1904): „General intelligence", objectively determined and measured. In: American Journal of Psychology 15, S. 201-293.

Steinmann, H.; Schreyögg, G.; Koch, J. (2013): Management. Grundlagen der Unternehmensführung: Konzepte – Funktionen – Fallstudien. 7., vollständig überarbeitete Auflage. Wiesabden: Springer.

Sternberg, R. J. (1985): Beyond IQ: A Triarchic Theory of Human Intelligence. Cambridge: Cambridge University Press.

Sternberg, R. J. (2004) (Hg.): International Handbook of Intelligence. New York: Cambridge University Press.

Sully de Luque, M.; Javidan, M. (2004): Uncertainty Avoidance. In: House, R. J.; Hanges, P. J.; Javidan, M.; Dorfman, P. W.; Gupta, V. (Hg.): Culture, Leadership and Organizations: The GLOBE Study of 62 Societies. Thousand Oaks: Sage, S. 602-653.

Thomas, D.C.; Inkson, K. (2003): Cultural Intelligence: People Skills for Global Business. San Francisco: Berrett-Koehler.

Thorndike, E. L. (1920): Intelligence and its use. In: Harper's Magazine 140, S. 227-235.

Triandis, H. C. (1972): The Analysis of Subjective Culture. New York: Wiley.

Triandis, H. C. (2006): Cultural Intelligence in Organizations. In: Group and Organization Management 31, S. 20-26.

Trompenaars, F. (1993): Riding the Wave of Culture. Burr Ridge: Irwin.

Ward, C.; Fischer R. (2015): Personality, Cultural Intelligence, and Intercultural Adaptation. In: Ang, S.; Van Dyne, L. (Hg.): Handbook of Cultural Intelligence: Theory, Measurement and Applications. Abingdon, New York: Routledge, S. 159-176.

Weis, S.; Seidel, K.; Süß, H.-M. (2006): Messkonzepte sozialer Intelligenz – Literaturübersicht und Ausblick. In: Schulze, R.; Freund, P. A.; Roberts, R. D. (Hg.): Emotionale Intelligenz. Ein internationales Handbuch. Göttingen et al.: Hogrefe, S. 213-234.

Weltbank (2016): Digital Dividends: World Development Report 2016. Washingtion, DC: World Bank.

Wöhe, G.; Döring, U. (2013): Einführung in die Allgemeine Betriebswirtschaftslehre. 25., überarbeitete und aktualisierte Auflage. München: Vahlen.

Zimmer, D. E. (2012): Ist Intelligenz erblich? Eine Klarstellung. Reinbek bei Hamburg: Rowohlt.

45402728R00150

Printed in Poland
by Amazon Fulfillment
Poland Sp. z o.o., Wrocław